HOW TO PREDICT THE FUTURE

KATSUAKI SATO

未来に先回りする思考法

〝実際に空を飛ぶ機械が、数学者と機械工の協力と不断の努力によって
発明されるまでには、百万年から一千万年かかるだろう。〟

――1903年、ニューヨーク・タイムズ
（ライト兄弟初飛行の数週間前に掲載）

はじめに――なぜ、99.9%の人は未来を見誤るのか

「飛行機の実現までには百万年から一千万年はかかるだろう」

ニューヨーク・タイムズがこの記事を掲載してわずか数週間後、ライト兄弟は人類で初めて空を飛び、この予測を覆しました。

この話を、当時の人々は笑いました。一流紙でジャーナリストを務めるほどのエリートが、なぜそんなことを自信満々に書けたのだろうと。

しかし、他の人々も、ジャーナリストより賢かったわけではありませんでした。野心に満ちた人々が宇宙船の開発にとりかかると宣言したとき、99.9%の人はまったく同じことを言ったそうです。

「宇宙船？　そんなものは夢のまた夢だ」と。

そして現代を生きる私たちも、未来を見誤るという意味では、宇宙船を夢と言った過去の人々を笑うことはできません。

数年前、現在日本で2000万を超えるユーザー数を誇るFacebookに対して、「日本人には実名で登録するSNSははやらない」と言っていた人は、少なくありませんでした。

今では多くの人が使っているiPhoneにしても、発売当初は「おサイフケータイが使えない」「赤外線がないなんてありえない」などの理由から、はやらないという意見が多数派だったことを、私たちは都合良く忘れています。

なぜ、人々はこうも繰り返し未来を見誤るのでしょうか。

その原因は人々の「思考法」にあります。人は、今目の前で起きていることからしか将来のことを考えることができません。しかし、FacebookとiPhoneの普及を多くの人が予想できなかったように、現在の景色という「点」を見て考える未来予測はだいたいにおいて外れます。

なぜなら、現実は人間が認知できないほどの膨大な要素に溢れ、かつそれらが互いに複雑に影響し合って、社会を進化させているからです。それをすべて把握することは、人間の脳というハードウェアの性能では、まず不可能です。

一方で、わずかながらではありますが、驚くほどの先見性を発揮して大きな成果を上げる人もいます。たとえば、スティーブ・ジョブズは１９８０年代、当時30代だったころから、すでに個人がスマートフォン（以下スマホ）を持つ未来を予言し、それを自分の手で実現させることを決めていました。彼らは現在という「点」を見て考えるのではなく、長い時間軸から社会の進化のパターンを捉え、その流れを「線」としてつなげて、意思決定をしています。その後の世の中の流れを追っていくと、あたかも、彼らは未来に先回りしていたかのように見えます。

０・１％の人は「世界が変化するパターン」を見抜いている

未来に先回りすることができる０・１％の人たちを調べていくと、９９・９％の人とはまったく違った思考法を用いて、未来を見通していることがわかりました。両者を分けているのは、パターンを認識する能力です。彼らは総じてテクノロジーに理解が深く、経済、人の感情などの複数の要素を把握し、社会が変化するパターンを見抜くことに長けていました。

パターンを認識するにあたって、最も重要な要素となるのが、テクノロジーです。社会の進化は、いつの時代もテクノロジーが牽引《けんいん》してきました。

テクノロジーと聞くと難しい印象を受けるかもしれませんが、古代人が使った石器にはじまり、今あなたが読んでいるこの紙や本だって、数百年前の社会を根底から作り替えた、革命的なテクノロジーです。貨幣だって、電気だって、私たちの生活は常にテクノロジーの誕生により書き換えられてきました。

そして今、現在進行形でインターネットという新しいテクノロジーが社会をデザインし直しています。その誕生から20年をかけて、インターネットはようやく空気のように社会に浸透し、変化への準備が整いました。実はインターネットが私たちの生活を本格的に変えていくのはこれからだと、私は考えています。

今、社会の変化のスピードは過去最も速くなり、そしてなお加速し続けています。テクノロジーには、「一つの発明が次々に他の発明を誘発し、結果として変化のスピードが雪だるま式に加速していく」という性質があるためです。

コンピュータの発明がインターネットを生み、インターネットがスマホを生み、ウェアラブルデバイスを生み、人工知能を発達させました。そして、その間隔は、必然的にどんどん短くなってきています。

テクノロジーが社会に与える影響力は、時間が経つほどに高まってきています。石器からはじまったテクノロジーは、今では数百万人を一瞬で灰にできる核兵器まで生み出しました。自然や、生命体である人間がごくゆっくりとしか進化しないのに比べて、人工物であるテクノロジーは生物としての物理的な制約を受けないため、急激に進化していきます。進化のスピードが急速に上がった現代においては、テクノロジーに焦点を当てることが、社会全体の構造を理解する一番の近道です。

本書では、テクノロジーを軸に、

・テクノロジーの進化にはどんな「パターン」が隠されているか（1章）
・インターネットを中心とする新しいテクノロジーはこれから社会のシステムをどう塗り替えていくのか（2章）
・テクノロジーの進化は私たちにどんな問題をもたらすのか（3章）
・未来を予測したうえで、個人はどう意思決定すべきなのか（4章）

の4つの項目について考察していきます。

「これから私たちの社会がどう変化していくのか」は、現在の社会をどれだけ真剣に眺めていてもわかりません。巷《ちまた》にあふれる未来予測本を読んでも、おそらくわかることはないでしょう。ニューヨーク・タイムズの例を挙げるまでもなく、私たちはいつも未来を予測し、そして外し続けてきました。人は未来を見誤るというのも、私たちが持つパターンのひとつです。

また、「何十年後にこうなる」という未来予測の結論のみを知ったところで、そこに至るまでのプロセスがわからなければ、一切応用が利きません。

しかし、**もしも社会が進化するパターンを見抜いていれば、状況が変わっても未来を見通すことが可能になります。**そのための汎用《はんよう》的な思考体系をお伝えするのが本書のテーマです。

未来はビジネスの世界から見えてくる

私は今、メタップスという会社の経営者として、8カ国にオフィスを構え、15以上の国籍のメンバーと日々4カ国語以上の言葉が飛び交う環境で働いています（ちなみに、日本人の社員は半分ほどです)。

世界数億人のスマートフォンユーザーを支えるアプリ収益化支援サービス、独自の電子通貨の発行、そして最近では宇宙事業まで手がけるようになりました。

9年前、福島から東京の大学に入学するために上京してきた私に、今の自分が資本金数十億円の企業を経営し、宇宙事業を手がけているといってもおそらく信じないでしょう。

なぜ、自分の人生ひとつとっても、こんなにも予測がつかないのか。私は、この世界に存在する物事のつながり、パターンを見抜くことに、ずっと強い好奇心を持ってきました。

生まれつき非常に疑り深い性格も相まって、私は自分自身をその仮説検証の「実験台」にしてみようと思うようになりました。この世界がどんなメカニズムで動いていて、これからどうなっていくのかを確かめたかったのです。そして、そのために最も適切な手段として選んだのが、ビジネスでした。

実験を重視する物理などの自然科学とは異なり、社会科学で真理とされることのほとんどは、個人の「考察」でしかありませんでした。その正当性は、学会などの権威によって担保され、それが本当に真実なのかどうかは、確かめようがありません。

何が正しくて何が間違っているのか？　社会のメカニズムはどうなっているのか？　私は、それらを最もリアルタイムにフィードバックを受けつつ検証できるのは、学会の中ではなく、ビジネスの世界だと思っています。

自分の考える世の中のメカニズムに対する仮説が正しければすぐ数字に反映され、間違っていれば企業として衰退し、滅びます。ビジネスは、自らの社会のパターンに対する考察を検証する上で最もシビアなツールです。

市場の変化は加速し続ける

ビジネスの世界、とくにテクノロジー産業の中にいると、最近ではもはや数カ月先ですら予測するのが難しくなってきています。

これほどまでに市場の変化のスピードが高まっている理由のひとつに、インターネットが情報と資本の流動性を一気に高めたことが挙げられます。

かつて、インターネットがなかった時代、ビジネスの多くは国内で完結し、情報の流通速度も遅かったので、変化はとてもゆるやかでした。それゆえ、競合の動きや市場の脅威に対しても、ある程度余裕を持って行動できました。しかし、インターネットがもたらしたスピードは産業の構造そのものを再構築しています。たとえば、事業投資の産業は、インターネットにより完全に書き換えられました。

インターネットが誕生する前は、プライベートエクイティ（主に経営難に陥った企業を買収して価値を向上させて売却する企業）は、とても儲かる仕事でした。企業の問題点を把握し、再建計画を描き、そのとおりに実行すれば、着実な成果が期待できたからです。「計画どおりに実行すればうまくいく」というのが、インターネット誕生以前のルールでした。

しかしインターネットが登場した1990年代後半から、状況は急速に変わってきています。インターネットを通して情報と資本の流動性が高まりすぎてしまい、状況は一瞬で大きく変化するようになりました。リスクは思いもかけないところに存在し、計画どおりに事業を進めても、状況が計画当初とはかけはなれてしまっているという事態が頻発しはじめました。これにより、プライベートエクイティは以前のように着実な成果を出せなくなっていきます。そのかわりに大きなリターンを生み出し始めたのが、ベンチャーキャピタルです。

ベンチャーキャピタルは、見込みのある事業に投資しその成長からリターンを得るという点において、プライベートエクイティと同じことをしています。違うのはそのリターンの出し方です。

ベンチャーキャピタルは、10社に投資し、そのうち1社の成功により他の9社への投資額を回収し、リターンを出すモデルになっています。どの企業が成功するかは、事前にわからないからです。

事業の成否は事前に予想できるというスタンスのプライベートエクイティが衰退し、そもそも予測など不可能という前提で投資するベンチャーキャピタルが大きなリターンを得ている。この産業構造の変化は、市場の変化のスピードが上がっていることを象徴しています。

事実、ここ10年、名だたる大企業が倒産し、逆に聞いたこともないような企業がまたたく間に巨大なグローバル企業に成長するということが繰り返し起こってきました。

マーク・ザッカーバーグがハーバード大学の学生寮でSNSをつくりFacebookを創業したのは2004年です。ユーザーは急増し、2015年現在、12億人が使う世界レベルのインフラのようなサービスにまで発展しました。今日、Facebookの企業価値は20兆円を超えます。これを上回るのは、日本ではトヨタただ一社となりました。

IT業界にいればそのスピードにも慣れてしまいますが、あらためて考えて見るととてつもない変化です。

情報の流通速度は増し、変化は加速し、これまでの何十年の積み重ねがたった数年でひっくり返ります。そして、今後もこの予測不可能性は、指数関数的に上がっていくことでしょう。

「リーンスタートアップ」ではもう勝てない理由

こういった時代の変化を理由に、最近「リーンスタートアップ」という考え方が流行しました。リーンスタートアップにおいては、そもそも最初から計画することを放棄します。計画を作成しても、変化が早すぎてまったく役に立たないからです。それならばいっそのこと「未来は予測できる」という前提を捨て、変化が起きた瞬間に即座に対応し、修正を重ね、変化していけばいいというのがリーンスタートアップの概要です。まさに「強者ではなく、変化に対応できた者だけが生き残る」というダーウィンの進化論をそのままビジネスに当てはめたかのようなスタンスです。

その考え方の本質は「**地図を捨ててコンパスを持つ**」ことにあります。

これまでのように地図の地形が永遠に同じ場所にあるという前提が崩れてきているなかで、古い地図を握りしめていては、動くことすらできません。最小限のリソースを携えて、あとは仮説検証をこなしながら、コンパスの指す方向だけを頼りに、柔軟に進む方向を変えつつ進んでいく方が、結果的にゴールに早くたどり着きます。

私自身も2007年から起業し事業を展開してきましたが、この考え方はとてもしっくりくるものでした。

計画とずれた現実を、当初の計画に近づけようと努力するよりも、今起きていることに全力で適応するという考え方は、非常に合理的です。

ただ、最近は状況がさらに一段階先に進んでいます。市場にいる全員が同じように「リーン」なスタイルでビジネスに挑んでいると、必然的に競争は激化していきます。ITサービスはとくに資金面・技術面において参入障壁が低いので、市場は一瞬で混み合います。

たとえば、Groupon は史上最速で拡大したネット企業として注目を集めました。しかし、このサービスは、技術的には Web サイトに決済機能を追加すれば誰でも立ち上げられる簡単なものであり、また、資金面においても、Amazon が提供するサーバーをクラウドで利用すれば最低限のコストで立ち上げられるため、参入障壁はほとんどありません。その結果、世界中でコピーサービスが立ち上がり、市場は一気に競争過剰に陥りました。

どれだけスピーディに変化に対応して仮説検証を繰り返しても、競争が激しくなりすぎてし

まえば、十分な収益を上げることはできません。

未来が予測しづらいから、予測を放棄し、変化にすかさず対応する。一見理にかなったこの戦略は、もはや戦略として意味をなしません。変化を見抜くことが難しい時代だからこそ、社会全体のパターンを見抜き、的確に未来を予測し、先回りできた企業と個人が最終的には勝利を収めます。

ダーウィンの言葉を借りるならば、まさに、現代は「変化に『先回り』した者のみが生き残ることができる」時代だといえるでしょう。

点ではなく線で考えろ

あるとき、Googleの日本法人の元社長で、今はメタップスのアドバイザーを務める村上憲郎さんに、社内で講演をしてもらう機会がありました。

そのお話の中で語られた「GoogleやFacebookがどういう視点を持って社会を捉えているのか」は、非常に示唆に富むものでした。**私が目の前の「点」を見てビジネスをしていたのに対して、彼らは社会の進化の流れを一本の「線」として捉えていたのです。**

テクノロジーの世界には、浮かんでは消えていくいくつもの流行語のような言葉があります。本書刊行時の少し前なら「ソーシャルメディア」「クラウドコンピューティング」「クラウドソーシング」「CtoC」「シェアリングエコノミー」「Makers」。２０１５年7月現在であれば「IoT(Internet of Things)」「ＶＲ（Virtual Reality)」「ＡＩ（Artificial Intelligence)」などです。

ほとんどの人にとって、それらは突然現れては消えていく流れ星のような存在でした。なぜ、いつそこに現れるのか、まったく予想がつきません。一方、Google や Facebook などシリコンバレーの一部の企業は、創業者自身がコンピュータサイエンスに精通しているため、それぞれのトレンドの関係性を理解し、全体像がつかめていました。人々が流れ星を慌てて指差している時に、彼らはもう次の流れ星がどこに現れるかを突き止め、悠々と待ち受けていたのです。他の人にとっては、関連のない「点」でしか見えていないものが、彼らには予測可能な「線」として見えていました。

Google が自動運転車をはじめたとき、「なぜ、検索エンジンの会社が?」と不思議に思った人は多かったと思います。検索エンジンだけを「点」で捉えていれば、「自動車」という「点」との関係性は見えにくいでしょう。一方で、インターネットという技術の持つ性質と「世界中の情報を整理して誰にでも利用可能にする」という彼らのミッションを理解していれば、このふたつの「点」は、ひとつの「線」として見えてきます。

インターネットは電気と同様に、時計や車など様々なデバイスに宿ってはネットワークに取り込んでいく性質を持っています（詳細は第1章で述べます）。つまり、Googleからすれば、「自動車を通して情報を取り込み整理すること」は、「PC上に広がる情報を、検索エンジンを通じて取り込み整理すること」の延長線上に位置します。

彼らにはなぜ「線」が見えているのか。もしその思考法を汎用性のあるロジックとして整理できれば、ビジネスを進める上で大きなメリットになると考えて、これまで自分なりに探究を続けてきました。

本書は、世界中で、ビジネスの最前線に立ち試行錯誤を繰り返した末に得られた、「社会の変化を一本の線として考えるための原理原則」をまとめたものです。社会という、複雑で正体不明なものを理解しようとしてきた自分の思考プロセスが、読者の方にとって多少なりとも有益なものになることを願っています。

本書で紹介するのは、「何十年後にこうなる」という具体的な近未来予測ではありません。

世の中には、どうあがいても予測不可能な事柄が存在します。傾向やパターンがまったく存在しない、もしくは存在したとしてもあまりにも複雑すぎて計算不可能な「カオス」といわれる領域です。

たとえば、どれだけ過去を分析したとしても、今この瞬間に居眠りしたドライバーの運転するトラックが突っ込んでくるかどうかは、わかりようがありません。しかし、毎年何件の居眠り事故が起きているかという「パターン」は理解可能です。

同様に、未来にどの企業が成功を収めてどの政党が与党になるといった個別具体の予測は、現代の私たちにはできません（将来的にテクノロジーが進歩して、個々の活動から個別具体の予測をはじき出すことができるようになる可能性は否定できませんが）。しかし、どのような技術が登場して、政治や経済のシステム全体がどのように進化していくかというパターンを把握することは可能です。

本書ではパターンが存在しないカオスは詳しくは扱いません。傾向が見えなければ対策が立てられず、対策が立てられなければ具体的な行動にはつながらないからです。

不確実性の高い個別具体の事象を、あたかも予測可能であるように書いた文章は、知的好奇心を満たすためにはいいかもしれませんが、あまり実用的とはいえません。そうではなく、社会全体のメカニズムとその大枠の流れをつかみ、個人が重要な意思決定をする際に役立ててもらうことを、本書は目的にしています。

なお、本書は2015年8月に刊行されました。できる限り普遍的な内容とすることを心がけましたが、テクノロジーというテーマの性質上、一部状況が執筆当時と変わっている可能性があります。ご容赦いただければ幸いです。

目次

はじめに――なぜ、99・9%の人は未来を見誤るのか 004
0・1%の人は「世界が変化するパターン」を見抜いている 006
未来はビジネスの世界から見えてくる 009
市場の変化は加速し続ける 011
「リーンスタートアップ」ではもう勝てない理由 014
点ではなく線で考えろ 016

第1章 テクノロジーの進化には一本の「流れ」がある 026

テクノロジーの3つの「本質」 027
1 人間の拡張 027
2 人間への教育 029
3 掌から宇宙へ 030
スマホは「電話つき超小型コンピュータ」 031
あらゆる物体に浸透するインターネット 033
ビッグデータは人工知能という「出口」を見つけた 036
あらゆる物体に宿る知性 042
テクノロジーは「天才」を量産可能にする 046
人間はパターンの塊 049
目や耳が世界中に埋め込まれる 051
宇宙産業と融合するインターネット 056
想像できる技術のほとんどは実現される 060
すべての企業の「目的地」はひとつ 063
タイミングがすべてを決める 065
ニコラ・テスラの不幸 066

第2章　すべてを「原理」から考えよ

すべてを「原理」から考えよ……070
すべては「必要性」からはじまる……071
日本でイノベーションが起きない本当の理由……074
原理に立ち返って考える……079
思考の補助線としての社会の3類型……080
1　血縁型の封建社会……080
2　ハブ型の近代社会……082
3　分散型の現代社会……085
テクノロジーが境界線を「溶かす」……087
1　国家と企業……089
2　社内と社外……093
3　自分と他人……095
塗り替えられる近代の社会システム……097
1　国家……098
領土、国民、権力……101
国民国家VS多国籍企業……108
権力で多国籍企業を制限しはじめた国家……110

融合する国家と企業……115
通貨発行権をめぐる争い……118
2 政治……121
中抜きされる選挙と議会……123
投票率が低いことは悪なのか……126
国家にも経営戦略が必要となる……127
3 資本主義……128
価値の媒介として誕生した貨幣……129
資本主義の誕生で社会の主役に……130
資本の「ひとり歩き」……131
貨幣はひとつの選択肢にすぎなくなった……132
財務諸表にはすべての価値を
記載することができない……135
政治と経済はひとつになる……139
価値と利益は等しくなる……140
価値主義の特徴……142
1 目的への回帰……143
2 選択の自由の広がり……144
主義思想の「賞味期限」……145
資本と情報の価値が逆転する世界……146
変化のスピードは①個人②法人③行政・司法……149

第3章 テクノロジーは人類の敵なのか……152
起業家すら置き去りにしはじめたテクノロジーの進歩……153
イノベーションは不安の対象に……155
「ロボットが仕事を奪う」に欠けている視点……157
あらゆるものは無料に近づく……161
企業によるベーシック・インカム……163
生活コスト削減ツールとしてのシェアリングエコノミー……169
人工知能は人間を再定義する……172
ITは人間にとっての「親指」である……176
パーソナライズの誤謬《ごびゅう》……180
人間にとって最大の脅威は人間である……186
1 サイバーセキュリティ……186
2 グローバルIT企業と政府の協働……188
3 戦争とロボット……190
テクノロジーは神にとって代わるのか……192

第4章 未来に先回りする意思決定

第4章 未来に先回りする意思決定 206
効率化の「罠」を回避する方法 207
1 常に原理から考える 210
2 テクノロジーの現在地を知る 211
3 タイミングを見極める 213
メディアと周囲の人をリトマス試験紙にせよ 215
パターンが掴めるまで意図的に失敗を重ねる 216
ロジカルシンキングを疑う 218
合理性は後付け 222
自分を信じない大物投資家 226
今の自分の能力に基づいて意思決定してはいけない 229
ルールのあるところで戦わない 232
納得感よりパターンを信じる 237
五分五分で決断する 243
いずれくる未来の到来を早めるために 246
おわりに――Be a doer, not a talker.（評論家になるな、実践者たれ） 251

第1章

テクノロジーの進化には一本の「流れ」がある

まず第1章では、テクノロジーの進化に隠された「性質」について考察します。その後、ここまでの歴史と、今後その「性質」によりどんな未来が想定されるかについて、大枠の流れを確かめていきます。

テクノロジーの3つの「本質」

テクノロジーの変化を点でなく線で捉えるためには、まずはテクノロジーそのものの特徴を理解しておく必要があります。あらゆるテクノロジーをマクロに見れば、その本質的な特徴は、次の3つに絞られます。テクノロジーは「人間を拡張するものであること」。そして、「いずれ人間を教育しはじめること」。最後に「掌《てのひら》からはじまり、宇宙へと広がっていくこと」です。

1　人間の拡張

そもそもテクノロジーとは何のために生まれたのでしょうか？

石器にはじまりインターネットに至るまで、**すべてのテクノロジーは、何らかの形で人間の持つ機能を拡張してきました。**

斧や弓が、手の持つ機能をそのまま拡張したものだというのはイメージしやすいでしょう。

文字や書籍は、かつて個体の脳内で完結していた情報を物体に記録し、他の個体にも共有可能にしたという意味では、人類の頭脳の拡張だといえます。テクノロジーは常に、人間の能力を拡張し、一個体だけではできないことを実現可能にしてきました。テクノロジーの規模が大きくなり、そのメカニズムが複雑になるにつれ、何を拡張しているのかは実感しづらくなりますが、その本質は変わりません。

蒸気や電力は人間の手足の動力そのものを何万倍にまで拡張させたテクノロジーです。蒸気機関車をもし人力で動かそうとすれば、どれくらいの人が必要になるかは、想像すらできません。同様に、掃除機や洗濯機ひとつとっても、電力ゼロで、人間の動力だけに頼るなら、私たちの生活は成り立ちません。

一方で、**コンピュータやインターネットは、電力や蒸気とは根本的にまったく違う方向に人間の機能を拡張するテクノロジーです。その本質は、「知性の拡張」にあります。**

コンピュータが発明されたことによって、人類は個体の脳をはるかに超える計算能力を手に入れ、インターネットによってリアルタイムで他人とコミュニケーションがとれるようになりました。蒸気や電力といったテクノロジーが現実世界における「動力革命」だとすれば、コンピュータは脳内における「知性革命」ということができるでしょう。

テクノロジーには、時を経ると人間を教育しはじめるという性質が備わっています。新しいテクノロジーが社会に普及してしばらく経つと、今度は人間がそのテクノロジーに合わせて生活スタイルを適応させていくようになります。この状況はまるでテクノロジーが人間を教育しているかのようです。

2　人間への教育

もともと、貨幣はあらゆる物々交換の非効率を解決するために生み出された「テクノロジー」でした。現代を生きる私たちには、貨幣がテクノロジーといわれても不思議な感じがしますが、価値を保存しておくことができなかった時代においては、貨幣の誕生は革命的な変化だったことが想像できます。

そして、その誕生からしばらく経ち、資本主義が普及したあたりから、貨幣は人間を教育しはじめました。現代人の価値判断基準の中心には、必ず貨幣が存在しています。

食事や住居の確保など、人類の生存確率を高める行為を貨幣により確保できるようになると、あらゆる価値を貨幣に換算して物事を考えたほうが楽になりました。それまで漠然としていた「価値」という概念が、貨幣によって数値化され、比較可能になったため、貨幣を中心に損得の判断を計算するほうが、効率的になっていきました。貨幣は、当初私たちの物々交換を効率化するためのテクノロジーでしたが、今では価値判断基準そのものに影響を与えています。**人間は課題を解決するテクノロジーを発明します。そして、時を経るにつれそのテクノロジーは社会構造に深く組み込まれていき、いつしかそのテクノロジーの存在自体が人間の精神や行動を縛るようになります。**まるで、人間とテクノロジーの主従関係が逆転したかのように。

コンピュータもまさにその典型例です。初期のコンピュータは大量のデータを素早く処理する、単なる計算機能を拡張するための存在でした。しかし、コンピュータは社会全体に浸透し、膨大なデータを学習し知能を発達させ、いまや最も効率的なアクションを人々に「教える」ようになりました。最初は人間が入力した命令どおりに動いていたコンピュータは、時を経て人々がどのように行動していくかを教えてくれる教師に進化しつつあります。その主従が逆転するシーンに、今私たちは立ち会っているのかもしれません。

3　掌《てのひら》から宇宙へ

物理的な位置に着目した際にも、テクノロジーの発達していくプロセスには、ある規則性が存在しています。先ほどテクノロジーは人間の持つ機能の拡張だと述べましたが、その拡張は常に「身体の近く」からはじまりました。

最初は手足の拡張です。鈍器、斧、弓などの武器は手を拡張し、草履《ぞうり》は足を拡張しました。

そして、その後身体から離れ、物理的に離れた空間において人間の機能を拡張していきます。

掌《てのひら》の上にあった道具は、身体を離れ器具として室内に配置され、さらに室外へ飛び出し、汽車や自動車のような移動手段になって距離を克服し、最後は重力すら克服し飛行機として空へ、さらには地球を飛び出し宇宙へと向かっていきました。

電気というテクノロジーひとつとっても、そのプロセスは共通しています。初期は実験室からはじまり、一般の家庭の室内を照らす電球となり、そこからもう少しすると、社会の隅々にまで送電が行われるようになりました。最終的に社会のあらゆる道具とつながった電気は、まるで空気のような存在になりました。このようにテクノロジーは一定の順番を経て、物理的に遠くへと浸透し、浸透すればするほど日常の風景となり、その存在感を消していきます。

スマホは「電話つき超小型コンピュータ」

そして今この社会を生きる私たちにとって、現在進行形で社会の隅々に浸透し、最も影響を与えているテクノロジーといえば情報技術であることは間違いないでしょう。ここでは要点に絞って、コンピュータと、そこから誕生したインターネットの進化のプロセスを振り返っておきます。

実は、コンピュータを生み出したのは軍事産業でした。初期のコンピュータは、敵の軍用機を砲撃する際に、位置と速度などのデータから弾道を計算することを目的につくられました。1946年に発表され、「巨大頭脳」（Giant Brain）と称されたENIAC（エニアック）は、プログラムを組み替えることで様々な計算をすることができる、文字通り「巨大」なシステムでした。その後、原子爆弾の開発プロジェクトであるマンハッタン計画に携わっていた天才数学者フォン・ノイマンが、ハードウェアとプログラム（ソフトウェア）を独立させる概念を提唱し、これが現在の原型となるプログラム内蔵方式のコンピュータ「EDSAC（エドザック）」につながっていきます。その後、売上の集計やシミュレーションなどビジネスの世界にコンピュータを持ち込んだのが、IBMでした。

次の大きな変化は1980年代です。Apple がパーソナルコンピュータ（PC）を販売し、大ヒットを記録しました。小型化が進み、個人がコンピュータを保有する時代がはじまったのです。さらに一般家庭にまでコンピュータが普及したことで、それらをつなぐインターネットが爆発的に普及していきます。Yahoo!やGoogleといったＩＴ企業はこうした流れを受けて台頭してきました。そして、ＰＣの時代を終え、今はスマホがデバイスの中心になりつつあります。

私たちにとってなくてはならない存在になりつつあるスマホも、このコンピュータの小型化の流れの延長にあります。「スマホ」と聞くとその名前から「ネットにつながった電話」とイメージしてしまいがちですが、コンピュータの進化の文脈から見れば「電話機能の付いた超小型コンピュータ」と捉えるべきでしょう。

あらゆる物体に浸透するインターネット

コンピュータの超小型化を受けて、本書執筆時点、世間を騒がせているのがIoT、つまりモノのインターネット化と呼ばれる現象です。

超小型化したコンピュータにセンサー技術の発達が加わった今、あらゆる物体をネットに接続することが可能になりつつあります。携帯電話（スマホ）の次は、時計（いわゆるスマートウォッチ）、テレビ（スマートＴＶ）、家（スマートハウス）、果ては道路まで。すべての物質がインターネットとつながり、世界中のモノとモノ同士が通信しはじめています。

実はこれも前述した電気の普及とまったく同じプロセスにあります。電力は、電球からはじまり、最終的には発電所の送電により家の中のあらゆる物体とつながり、動力を持つに至りました。うちわは扇風機になり、ほうきは掃除機になりました。

インターネットもまったく同じプロセスを経て、あと数年で、電気と同様に社会の隅々にまで完全に浸透し、空気のような存在となるでしょう。

電気やインターネットのこのような性質の背景にあるのが、熱力学や統計力学の世界における「エントロピー増大の法則」です。この法則は、世界(自然)が時間の経過とともに、秩序のある整然とした状態から無秩序で混沌とした状態へ変わっていく現象を指します。

地球も、最初は何もない星でした。しかし、今では数億レベルの植物や動物にあふれていて、その数は今も増え、無秩序な方向へと進み続けています。人間の拡張であるテクノロジーも、身体の近くで機能するシンプルなものから、時間の経過とともに、複雑化し、部屋を飛び出し、多方向へ侵食を繰り返していく性質があります。

実際にあらゆるものがインターネットとつながることで、私たちの生活にはどんな変化が起こるのでしょうか。たとえば、家やオフィスでは電気のオンオフから室内の温度調整までクラウド上のコンピュータが生活のパターンを学習して、自動的にやってくれるようになるでしょう。さらには、腕時計がネットにつながれば自分の健康状態をリアルタイムで把握して、異変があればコンピュータが教えてくれ、それぞれに適した健康維持の手段までもシステムから教わるといったことが可能になります。

インターネットが様々なデバイスとつながっていくこと、それはこれまでデータとして計測できていなかったあらゆるデータの収集が可能になることを意味します。そしてその延長にあるのが、「意思決定の省略」です。

休日のデートプラン、最も相性がよい転職先、結婚相手の選択、はてはどこに資本を投下するべきかという経営判断まで、すべてのシーンにおいて、よい結果をもたらす確率の高い行動を、システムが教えてくれるようになります。

これから、人間は持って生まれた脳以外に、外部にあるいくつもの「知性」を使いこなし、それに寄り添って生きていくことになるでしょう。

そもそも「自分以外の知性の活用」自体は、何も目新しい能力ではありません。人間は文明を発展させる中で、祖先の知性を書物という形で子孫に残し、家庭内においても両親の知識を子どもと共有することで生存確率を高めてきました。今では、Googleのような検索エンジンにより、活用できる知性の範囲は一気に拡がっています。しかし、どんな情報が自分にとって大事であり、何を知るべきなのか、という優先順位までは既存の検索エンジンは教えてくれません。今後は、他人の知性の活用から一歩進んで、人間が検索する前に最適な答えを与えてくれる、能動的な「知性」が誕生するでしょう。そしてそのキッカケとなるのが、自律的に学習して行動するコンピュータ、人工知能（ＡＩ）の発達です。

ビッグデータは人工知能という「出口」を見つけた

あらゆるデバイスがネットにつながれば、そこから発生するログのデータは膨大な量になります。これらのエクセルでは処理しきれないデータは数年前から「ビッグデータ」と呼ばれるようになり、ビジネスの効率化につながるのではと期待されました。

ただ、実際にはビッグデータを活用して価値を生み出せている企業は多くありません。取り組みたいと考えているものの、どうしたらよいかわからないというのが現状のようです。

しかし、ここに来てビッグデータはある方向に活路を見出しました。それが人工知能（ＡＩ）です。

この言葉は、様々な立場の人が、異なる定義で使用してきました。ＡＩは、未来の社会を考えるうえで非常に重要な要素になりますので、ここでその歴史的経緯と今後の展望を簡単に整理しておきましょう。

人工知能の構想自体は新しいものではありません。人間の知能を再現しようとする試みは、もう50年も前から行われてきました。当時、研究者は大きく二つの立場に分かれていました。「強いＡＩ」派と「弱いＡＩ」派です。

「強いＡＩ」派とは、知能を再現するためにはまず「人間の精神とは何か」という問いを解き明かし、その上でその精神をプログラムにより再現しなければならない、と考える立場です。

一方「弱いＡＩ」派は、「人間の精神とは何か」という問いはあまりに難しく解けないので、結果として人間と同じようにふるまえるのであれば、それを「知能」と呼んでもいいではないか、と現実的に考えます。人間の精神構造を再現できているかというプロセスは問いません。

長年の論争の末、現在、人工知能といえばそのほとんどは弱いＡＩを指すようになりました。人間の精神は非常に複雑で、その構造を理解し、さらにそれを再現するという強いＡＩの考えは、現時点では現実的ではありません。

では、弱いＡＩにおいては、何をもってその人工知能が知性を持っていると判断できるのでしょうか？　イギリスの天才数学者アラン・マシソン・チューリングが考案したチューリング・テストは、知性の有無を確認するいくつかのハードルを設けています。

音声が聞こえない隔離された環境で、文字のみで人間に機械とチャットをさせ、チャットをしている人間が、相手が機械かどうかを判断できないこと。これが、その機械が「知性がある」と判断される条件です。

弱いＡＩにおける知性とは、統計学の延長にあります。まず膨大なサンプルデータをコンピュータに学習させ、そこから一定のパターンを見つけ出し、そして、そのパターンから将来を予測し、次のアクションを実行させます。

私たちも何かを実行するときは、

①学習
②パターン認識
③予測
④実行

という４つのプロセスを通過しています。

たとえば、誰かに話しかけるには、その対象が人間かどうかを識別できなければいけません。そのためには人間の特徴を「学習」し、「パターンとして認識」しておく必要があります（目がふたつあり、鼻がひとつで、髪の毛が生えていて、口が動くなど）。そして、今目の前にいるのはおそらく人間だろう、という「予測」を立てたうえで話しかけるという動作を無意識のうちに「実行」しています。

私たちが無意識で行っているパターンの学習を機械にさせようと思えば、膨大な量のサンプルデータが必要になります。かつては何百何千のサンプルをかき集めるのにも非常にコストがかかりました。さらにそれを集計して大量の計算処理を実行し、パターンを抽出するとなると、さらに膨大な手間がかかります。

しかし、ここ20年のインターネットの急速な普及により、個人がネットを介して双方向にアクションをするようになり、その結果サーバー上には膨大なログデータが蓄積されるようになりました。そして、同時平行でコンピュータは高性能化・小型化していき、高い計算処理能力を持つコンピュータが安価で購入できるようになりました。

このふたつの変化により、人工知能は再び注目を集めるようになります。もはや膨大なサンプルデータを集めるのにも、それを分析しパターンを抽出するのにも、以前ほどのコストはかかりません。ここにきて、活用されていなかったビッグデータは、人工知能という出口を見つけました。

そして最近、人工知能の世界にもうひとつ新たなブレイクスルーが起こりました。ディープラーニング（深層学習）という、既存の機械学習の欠点を補える手法が考案されたのです。

従来の機会学習においては、いくら計算能力が高まっても、「特徴量」と呼ばれる、概念そのものを認識するための変数は結局人間が考えなければなりませんでした。

たとえば、今までは機械に人間を認識させるときに「頭がひとつで、目がふたつあり、鼻と口がひとつ、手足が2本……」という人間の「特徴」を変数として自分たちで設定して機械に教えてあげる必要がありました。つまり、どんなデータを学習させ、どの指標を見るべきかは結局人間に依存していて、自動化ができていなかったのです。しかし、ディープラーニングは、人間の手を借りずに、「特徴量」そのものを機械が自動で抽出することを可能にしました。

2012年にGoogleが「YouTubeで大量の猫の映像データを学習させ、機械に『猫』を認識させることに成功した」と発表し、大きなニュースになった背景には、このディープラーニングの発達がありました。この機械は「猫とは何か」を人間に教わることなく、自力で膨大なデータから「猫」を認識したのです。そして２０１５年、Googleに買収されたDeepMindというディープラーニングを専門に扱う企業は、ゲームを自己学習して攻略していく人工知能「ＤＱＮ」に関する発表を行いました。DeepMind社によると、49種類のゲームのうち半数以上のゲームでは、人間が記録したスコアの75％以上を獲得できたとのことです。

Googleだけではありません。Microsoft、中国のBaidu、ＩＢＭなどの巨大企業も人工知能の研究にこぞって資本を投下しています。彼らが注目しているということは、学問的な意義だけではなく、ビジネスの世界においても人工知能が大きなインパクトをもたらすことを意味しています。

ＡＩは現段階でも「広告の効果を最大化する」「個人に最適な情報をレコメンドする」「将棋のゲームで勝つ」など、単一の目的に特化した作業においては、人間以上の能力を発揮します。一方で、複雑な状況を理解して最適な判断をする汎用的な知性としてはまだまだ課題が山積みです。

しかし、ここ数年の目覚ましい進化と資金の流入をみれば、人工知能の開発が今後急速に進むことは間違いありません。かつてはＳＦの夢物語だった「計算だけではなく意思決定まですする機械」は、いよいよ現実のものになりつつあります。

あらゆる物体に宿る知性

軍事産業からはじまり商業利用へと進出したインターネットは、その後一般家庭の室内に普及し、急速な発達を遂げました。そして、ネットは今、室内を飛び出て様々な物体につながりはじめています。**ここから確実に到来が予想されるのが、あらゆる物体に「知性」が宿る世界です。これは、モノのインターネット化のさらにもう一段階先の話です。**

ネットにつながっている端末の数は、2020年までに250億台に増加すると予測されています。これから「スマート○○」と呼ばれる端末は加速度的に増えていくでしょう。それに伴い、クラウド側では蓄積された膨大なデータを学習した人工知能が、ますますその判断の精度を高めていきます。

最終的に、精度を高めたAIは、ハードウェアをコントロールするようになるでしょう。この段階で、インターネットにつながっている物体には、「知性」が宿るようになります。

知性の発達のプロセスには、4つの段階が存在します。

①膨大な情報を蓄積する
②蓄積された情報から人間が手動で改善につなげる
③蓄積された情報から人間がパターンを抽出し、そのパターンをシステムに検知させ改善につなげる
④パターン認識そのものから改善のための判断まですべてシステムが行う

単にモノがインターネットにつながっただけでは、それは情報収集のためのデバイスにしかすぎず、①〜③を担うのみです。しかしクラウド化されたＡＩが④までこなせるようになれば、それはもはや「知性」と呼ぶことができます。

こうしてネットにつながって情報を送受信するセンサーにすぎなかった物体は、自律的に学習して行動する、知性を持ったコンピュータに変化していくでしょう。

ネットを活用して情報を送受信すれば、膨大なデータをクラウド上で学習した結果を、リアルタイムで端末側にフィードバックすることができます。たとえば今のスマートフォンアプリは、ユーザーインターフェイスを司る部分は端末のローカル側にダウンロードして動かしています。一方、リアルタイムでアップデートが必要な領域に関しては、クラウド側とインターネ

ットを通じて通信を行っています。

Pepper（ペッパー）などのスマートロボットと呼ばれるハードウェアも同様です。好みのアプリがインストールされ、ユーザーの使い方の癖などの情報がリアルタイムに通信によりアップデートされ、介護、接客など様々な用途に合わせて稼働します。そして、同様のことは、今後インターネットに接続されたすべてのデバイスで起こります。

現在私たちが生活で接している物体に知性が宿り始めたとしたら、生活はどのように変わるでしょうか。

まず単純作業はすべて自動化が進みます。これはかなり速い段階で実現されるでしょう。すでにGoogleやテスラモーターズはドライバー不在で走行する「自動運転車」の実用化に向けて動き出しています。そしてひとたび自動運転が実現すれば、データから乗車する人の帰宅時間と移動経路を学習し、自動で迎えにきて、何も言わずともその場所まで連れていってくれるなど、運転以外の作業もどんどん自動化が進んでいくでしょう。

店舗の接客やレジなどの単純作業も、自動化が確実に進む分野です。何をもって単純作業とするかは、「マニュアル化可能かどうか」がひとつの判断基準となります。マニュアル化できる、つまりルールが決まっているのならプログラムを組むのにこれほど楽なことはありません。クラウド側でリアルタイムに情報を書き換えれば、全店舗のオペレーション変更が一瞬で完了します。

運転も接客も、状況によって柔軟な対応は求められるものの、ある程度ルールが整備されています。こういった目的が明確でマニュアル化が容易なものは、弱いＡＩが最も得意とする領域です。

具体的なそれぞれの変化は第2章で紹介していきますが、社会がここ数十年で、人工知能を軸に激的に変化することは間違いありません。それらを「点」で捉えるのではなく、

①電気がコンピュータを生み、
②コンピュータがインターネットにより接続され、
③インターネットが社会の隅々にまで浸透し IoT が進み、
④発生した膨大なデータはＡＩに集約され、
⑤自律的に判断するＡＩがデータを分析し判断を下すようになり、
⑥あらゆる物体が知性を獲得する

というひとつの線で捉えていけば、その本質は、少し理解しやすくなります。

大事なのはこれらの変化を「点」ではなく「線」として、結びつけて理解することです。

テクノロジーは「天才」を量産可能にする

「人工知能が人間の機能の一部を代替する」

こうした議論において必ず出てくるのが「人間の感情の部分は数値化できない」という主張です。しかし、近年のテクノロジーの進化は、人間の感情の部分ですら、一気に解析を進めつつあります。人の感情を動かすことが重視されるコンテンツ制作の分野でも、その影響はすでに現れ始めています。

これまで映画やマンガやゲームなどのエンターテインメント産業では、一部の天才クリエイターのひらめきに依存してヒットをつくってきました。しかし、インターネットとそこから発生する膨大なユーザーのデータは、従来と真逆のアプローチを可能にしつつあります。

テレビゲームの時代は、テレビに家庭用ゲーム機をつないでプレイするのが一般的でした。

しかし、テレビにつながれているだけではどれだけ多くのユーザーがプレイしても、どこをおもしろいと感じて、どこをつまらないと感じているかのフィードバックを吸い上げることはできません。フィードバックを得る手段はせいぜい、発売前にテストプレイで何度も遊んでもらい、感触が良さそうかどうかを確かめるくらいです。出たとこ勝負で売上がわかる、ハイリスクなビジネスでした。

一方、通信型のゲームでは、インターネットを通じてユーザーの情報を吸い上げられるため、「おもしろい」「つまらない」などの「感情」を、科学的に分析することが可能になりました。多数のユーザーが競争したり協力したりしながら進行するタイプのゲームは、ユーザーがどの場面でゲームをやめてしまい、どのような場面で最も白熱するかのデータが、ログとして蓄積されていきます。これらのデータより見えてくるパターンから、発売後もリアルタイムでシナリオに変更を加え、ユーザーを飽きさせないように改善していくことが可能になりました。

つまり、パッケージとして販売されるソフトと違い、これらのゲームに完成形はありません。そのかわり、誰も遊ぶ人がいなくなるとその時点でゲームは「終了」になります。ネットは、ゲーム制作のルールそのものをまったく書き換えてしまいました。

まったく同じことはゲームだけではなく、映画やマンガなどの世界においても適用できるでしょう。日本でもDeNA社が提供するマンガボックスなど、無料マンガアプリが急速に普及しつつあります。マンガ家は自分の作品のどの部分がユーザーに最も刺さっているかをデータとして分析することが可能になり、そのパターンはすべて蓄積されていきます。将来的にはデータからユーザーの属性を分析し、それぞれに適した違う結末が用意されているマンガだって成立するかもしれません。

すでにディズニーでは、ユーザーの「感動のパターン」がノウハウとして蓄積されており、そのフレームワークに沿って映画が作られているという話を、エンターテインメント業界に勤める方からも聞いたことがあります。実際、少年誌の人気マンガの登場キャラクターやストーリー展開が驚くほど似ていると感じた方は少なくないでしょう。

今後はこうした形式知がデータという形でより一般化していくことが予想されます。

こういったある種の「勝ちパターン」は、その業界でも限られた人たちだけが知っている、いわば「秘伝のソース」のようなものでした。誰にでも習得できるようなものではないからこそ、天才が存在したのです。しかし、データが人の「感情」すらパターンとして認識するようになると、誰でもそのパターンにアクセスすることが可能になり、天才の希少性は失われます。

逆に、今まで王道だと思われていた手法が、データから分析してみると実は間違っていたという場面にも出くわすことでしょう。

「楽しい」「おもしろい」「悲しい」などの感情は、これまで、複雑で理解しがたい、ブラックボックスとして扱われていました。これからコンテンツがデジタル化され、読者の傾向がデータとして可視化できるようになると、感情は分析可能なものへと変わっていきます。業界全体でも、一部の天才クリエイターに依存した産業から、科学的に紐解《ひもと》くことが可能な再現性の高い産業に変わっていくことが予想されます。まるで、「秘伝のソース」の成分が解析され、量産されるように。

「感情」という最も数値化しづらいと思われている分野すら、テクノロジーはロジックを構築しはじめているのです。

人間はパターンの塊

私の経営する会社では、人工知能を活用して、様々なアプリのデータからユーザーの行動パターンを見つけ出し、アプリ開発者が次にどんな施策を打つべきかを提案するシステムを世界中で提供しています。たとえば「ゲームでこのパターンの動きを示し始めたユーザーは、もうやめる可能性が高い」という分析から「別のアプリの広告を見せるべき」という施策を提示したりします。

事業の核となるのはスマホ上に配信される広告効果の最大化です。通常、ネット上で広告を配信する場合は、複数のデザインを同時に配信して、効果を見ながら、調整をかけていきます。よくクリックはされるが成約までつながらないもの、クリック率は低いが成約率は高いものなど、その広告がいかにユーザーに認識されているかは、データを見れば瞬時にわかります。また、どんな人に広告を見せるかというターゲットの属性まで指定することが可能なので、それらの複数の評価軸を組み合わせれば、どうすれば広告投資額に対するリターンを最大化できるのかが分析できます。

このデータ分析を世界中で行うということは、何千万人、ときには何億人のユーザーの行動を日常的に扱うことを意味します。そしてそのデータから得られる結論は、私の人間に対する認識を覆すものでした。

普段、様々な人々と会って話をしていると、性格も趣味も外見的な特徴も、多様性にあふれています。まさに「十人十色」です。しかし、何千万人におよぶユーザーを「まったく同じ条件下でどんな反応をみせるか」という観点で分析してみると、**使用している言語や属している文化がまったく異なるにも関わらず、ヘビーユーザーや離脱するユーザーのパターンはほとんど同じだったりします。**また、一見属性がまったく異なる人々も、様々な行動を分析していけば、かなり限られたパターンに分類することが可能になることがわかっています。

人間の目で見るとなんの共通点もない事象も、データという形で分析してみると驚くほどシンプルな法則性に基づいています。人間は、思っている以上にパターンの塊なのです。

目や耳が世界中に埋め込まれる

テクノロジーが、今後人間をより理解可能な存在にしていく過程で、データはよりその重要度を増していきます。そして、そのカギを握るのが、センサーの拡散です。

私たちは視覚、触覚、聴覚などの五感を通して外界の情報をインプットしています。これは機械も同じで、この五感の領域をセンサーが担っています。

スマホのタッチパネルを触ると画面が起動するのは、端末内にセンサーが埋め込まれているからです。これは、人の「触覚」の代替だといえるでしょう。

スマホのカメラでも高機能なものは、人の顔を識別して自動的に補正をかける機能がついていますが、これらは人の「視覚」を代替するタイプのセンサーです。GoogleやSiriに代表されるスマホの音声検索は、いうまでもなく「聴覚」を代替するものです。人間の音声を認識して文字に置き換え、処理をしています。

こうみるとスマホがいかに人間の五感を拡張する役割を担っているかがわかります。スマホに限らず、熱や光や重量をセンサーが認識してドアを開閉する「自動ドア」など、私たちの日々の暮らしには、すでにセンサーがあふれています。

ここまでテクノロジーは人間の機能を拡張すること、そして、人間の身体の近くからはじまり、時が経つと室内、そして室外へというように、物理的に遠くへと拡がっていくことを述べました。センサーが拡散していくことも、このパターンにおいて理解することが可能です。人間の「五感」を拡張したものが、人間の身体の周辺（スマホ）からはじまり、今後は室内（スマートホーム）を飛び出て生活のあらゆるところに埋め込まれていくことになります。

今後は、たとえば監視カメラと指名手配犯のデータベースが連動していれば、顔認識機能から自動で通報することも可能になるかもしれません。**人間の目、口、鼻、皮膚などが、センサーという形をとって社会の至るところに埋め込まれていくのです。**

しかも、それぞれがネットに接続されているため、今までの独立した機械では考えられないほど複雑な連携が各ハードウェアで可能になります。

センサーという形で埋め込まれた人間の「五感」が検知する情報は、ネットを通して、クラウド上にあるコンピュータに蓄積されます。そして、人工知能が情報を分析し、センサーを搭載した端末に指示を出します。これらは、人の身体と脳の関係に非常に近い構造です。

人間は、視覚や聴覚などの五感を通して得られる情報を脳に集約し、様々なパターンを認識したり、手や足などの各器官に指示を出したりしています。この構図において、クラウド上のＡＩは脳、端末は手足などの各器官と捉えることが可能です。

インターネットの発達は「ガイア理論」の延長であるという、興味深い説があります。ガイア理論とは、地球と、地球上に生きるすべての生物をひとつの巨大な生命体と捉える理論です。すべての自然も生物も、相互に影響を与え合いながらひとつのエコシステムをつくっているのだから、個々の生物を独立した存在として捉えるのではなく、すべてをひとつの生命体として俯瞰《ふかん》的に捉えるべきだというのが、その主張です。

これまでは、人工的に生まれた無機的な情報技術と、地球をひとつの生命とみなす有機的なガイア理論は相反する存在でした。しかし、人間の目や鼻や耳の機能を果たすセンサーが、低価格化により世界中にばらまかれ、データがクラウド上の自律的に思考するＡＩのもとに集まり判断が下され、他のデバイスに指示を出すという一連の流れは、ガイア理論とも極めて近い構造ではないでしょうか。

俯瞰して眺めれば、それはまるで、人間やコンピュータも含めたひとつの巨大な生命体が生まれているかのように見えなくもありません。「ガイア理論」は当初科学の世界では受け入れられていませんでしたが、今、この仮説がテクノロジーにより実現しつつあるというのは、なんとも不思議な話です。

人間の脳が発達するプロセスは、テクノロジーの世界においてネットワークが進化するプロセスと驚くほど共通する部分を持っています。脳は、ニューロンと呼ばれる神経細胞一つひとつが結合を繰り返していくことで発達していきます。同様に、ＳＮＳや都市などの社会が発達していくプロセスも、個々のノード（結節点）、つまり人一人ひとりが結合を繰り返していくことで成り立っています。個体としての人間の脳が発達するパターン、ＳＮＳが発展していくパターン、都市が発展していくパターン、これらは規模が違うだけですべて類似した構造から成り立っています。

日々個人が争ったり国が争ったりする今の社会は、私たちの目から見れば、ランダムに発生した理解不能なものに思われます。しかし、すべてバラバラに起こっているかのように見えるこれらの変化は、テクノロジーにより分析され、いつか「ひとつの現象」として理解できるようになるときがくるのかもしれません。人間が作り出す社会をひとつの「身体」と考えたとき、日々繰り返される紛争や協力関係は、また違った視点で捉えることが可能となるのかもしれません。

もし、人間やコンピュータはひとつの「細胞」のような構成要素にすぎず、もっと巨大な何かの一部だったというような「オチ」があったとしても、それほど不自然ではない気もします。テクノロジーが人間の機能を拡張し続けていくさまは、人類全体が、互いに共鳴しあうひとつの生命体に近づいていく過程だと捉えることもできるからです。

国や個人の争いは、ちょうど私たち人間が体内に入った雑菌を除去しようとしたり、傷を負えば自然に治癒したりする自己統制機能を、社会という大きな規模で行っているともいえるのかもしれません。

宇宙産業と融合するインターネット

エントロピー増大の法則に則《のっと》って、人間の拡張であるテクノロジーは、時間の経過とともに多方向に増殖していきます。電気と同様、インターネットも家、オフィス、道路、空へと拡大していきます。そして、最後に行き着く先は宇宙です。

人間は、放っておいても未知を開拓していく性質を持っています。人類の祖先がアフリカから各地に移動したことにはじまり、アメリカはフロンティアを開拓し、物理的空間としてのフロンティアは、地球上にはほぼなくなりました。宇宙は、人間にとっての最後のフロンティアです。

イーロン・マスクが率いる、ロケットの製造から打ち上げまでを行うSpaceXや、Googleなどの企業を中心に、今、宇宙産業への投資が盛り上がっています。ＩＴ企業が稼いできた膨大な利益はさまざまな産業に還流しつつあり、宇宙産業もその例外ではありません。

Googleは、人工衛星をつくっている宇宙ベンチャーのSkyBox社を5億ドル（約６００億円）で買収して、衛星を通してインターネットを安価に提供する構想を進めています。これは一部ではインターネットに対し「アウターネット」と呼ばれています。新興国を中心に世界中に偏在する、ネットにつながっていない50億人を一気にネットにつなげてしまおうというのがその目的です。たしかに、いつ終わるかわからない各国の通信キャリアによるネット回線の整備を待つよりも、宇宙空間から自分たちでネットを提供してしまうのは合理的な判断です。Googleとしてはネットを使う人が増えるほど自社のビジネスの対象が広がり、結局は利益という形で返ってきます。

SpaceXも、超小型衛星を７００機打ち上げて衛星インターネットを構築するという計画を持っています。そして、GoogleはSpaceXに10億ドルを出資し10％の株式を取得しています。

Googleだけでなく、Facebookなどのインターネットビジネスは、ある規模まで成長すればネットの利用者が増えない限り成長が頭打ちとなってしまいます。とくにアフリカなど新興国においては、通信インフラがまだ整備されておらず、多くの人がネットを利用できない環境に置かれています。SpaceXのようなロケットの製造から打ち上げまでのノウハウを持つ企業とGoogleが組めば、宇宙空間から全人類に安価なネット接続サービスを提供することは十分可能でしょう。また、Amazon社のＣＥＯであるジェフ・ベゾスも、ブルーオリジン社という会社を設立しこの分野に進出しています。ブルーオリジン社はベゾスのプライベートカンパニーです。その内容は謎が多いものの、有人宇宙飛行を目的とした事業を考えていると報じられています。

企業にとって、宇宙からサービスを提供するメリットは明確です。一般的に宇宙とは地上から100キロを超えたあたりからを指すので、700キロ以上はなれた衛星に対しては、国家も制空圏を主張できません。そのため、各国家からの妨害を受けづらいのです。

今や宇宙産業は、物理的に残された最後のフロンティアとなりました。そして、そこを開拓しつつあるのは、国家ではありません。グローバルＩＴ企業です。

人工衛星を活用すれば、空から地球の表面を、平面図としてではなく高さも含めて立体的に把握することができます。衛星の解像度は上がり、現段階でも数十センチほどの高さでさえも認識できるようになってきています。いまや衛星から車の車種などを判別することも難しくはありません。

理論上では、千数百機の衛星を打ち上げることができれば、すべての地表の状況をリアルタイムで把握することが可能になります。**衛星が捉えた情報と、地上にちりばめられたセンサーから収集された情報がセットで分析されるようになれば、今までわからなかったことがパターンとして解明され、地球は人間にとってより理解可能な場所になるでしょう。**

人工衛星の低コスト化も進んでいます。最も安いものであれば、すでに3000万円あれば製造から打ち上げまですべて可能です。もちろんより高度なものは数億から数十億円ほどかかりますが、今後、さらに製造・打ち上げのコストが下がってくるのは間違いありません。個人的には、5年後には1000万円程度で衛星の打ち上げも可能になるのではと思います。大型のゲームアプリをつくるのに約1億円かかることを考えれば、すでに現段階でもコストだけなら衛星を打ち上げるほうが、ゲームをつくるより安くなっているのです。

19世紀にラプラスという数学・天文学者が、次のような意見を提示しました。
「もしもある瞬間におけるすべての物質の力学的状態と力を知ることができ、かつそれらのデータを解析できるだけの能力を持った知性が存在するとすれば、この知性にとっては、不確実なことは何もなくなり、その目には未来も（過去同様に）すべて見えているであろう」

この未来すら過去同様に見えるという超越的存在は「ラプラスの悪魔」と呼ばれ、物議を醸しました。もちろん、当時多くの人にとって「ラプラスの悪魔」は、具体的に思い浮かべることができるような存在ではありませんでした。しかし、今、現実に人間は地球上のすべての変化をリアルタイムで把握し解析できる計算能力と知性を持ち始めています（もちろん、量子というレベルからすべてを把握することは当分難しいでしょうが)。

あと数十年の間に、人間はテクノロジーを活用して「全知」を実現できるところまでは容易にたどり着くでしょう。そしてひとたび「全知」が生まれれば、政治や経済に大きな影響を及ぼすことは間違いありません。Google や Amazon のようなグローバルIT企業が、宇宙産業にすでに多額の投資を始めているのは、これらの技術が将来の社会に与えるインパクトを考慮してのことでしょう。すでにグローバルIT企業はバーチャルな国家のような役割を担ってきています。そして、その最も重要な資源は「土地」ではなく「情報」です。この点については、第2章で詳しく触れたいと思います。

想像できる技術のほとんどは実現される

人工知能により「全知」が実現するなどと語ると、「こういう法律があるからそれは実現されない」「それは価値観に合わない」「社会的に受け入れられない」などと、数々の反論を受けます。
実際に iPhone が発売されたときも、多くのメディアは「日本人の感覚に合わないから難しい」という見方をしていました。Facebook も同様に「実名制のSNSは日本人には受け入れられない」という論調が主流でした。ご存じのとおり、これらが間違っていたことはすぐに証明されました。人間が、目の前で起きている現状だけを見て近視眼的に新しいものを否定することも、繰り返し観察されるパターンです。

逆に、2000年のインターネットバブルにおいては「ITが社会そのものをつくり変える」という過剰な期待を含んだ言説が喧伝され、多くの新興ドットコム企業が上場し、多額の資金を調達していました。実際には、当時はまだコンピュータの価格も高く、今のスマホのように国民の半分以上が持つようなものではありませんでした。

回線も今とは比べ物にならないほど遅く、ネットを使って実際にできることは、期待されているよりもずっとスケールの小さなものでした。結局、多くの人がこの状況に失望し、バブルは崩壊に向かいます。

目の前にある新しいサービスやプロダクトを否定する割には、まだ実現すらしていない新しいテクノロジーに過度に期待するというのも、同じく繰り返されてきたパターンです。

「インターネットはただのバブルに乗ったまやかしの技術であり、実際にはたいしたことはできないガラクタだ」

バブル崩壊当時、多くの人は、そう考えたはずです。しかし、あれから15年経った今、当時喧伝されていたことのほとんどは現実に変わっています。

いまやネット上で物を買うのは当たり前ですし、コミュニケーションは電話よりもメッセージアプリを通じたものが主流になっています。営業管理・会計・顧客管理などはクラウド上で管理され、若者はテレビを観ずに、スマホでYouTubeを観るようになりました。

いずれも、そのテクノロジーが誕生した際には、「そんな未来はありえない」と言われていたものばかりです。Googleが２００６年に16億５０００万ドルでYouTubeを買収した際、専門家と呼ばれる人さえも「YouTubeのどこにそんな価値があるのか」と疑問視していたことは、あまり思い出されません。


人間は目の前で起きている現状だけを見ています。それゆえ、短期的な視点で、現在の業績が小さいといっては買収を否定し、ライフスタイルに合わないなどと理由をつけては新しい技術やメディア、プロダクトを否定する一方、まだ技術的に普及する段階にいたっていないテクノロジーに過剰な期待を寄せたりします。

逆に、インターネット、スマホなどのテクノロジーが長期的に社会に与えるインパクトについて盛んに議論されることはまれです。そのような徐々に進む長期的な変化については、そもそも認識すること自体が難しいからです。

長期的にみれば、人間が想像できるようなアイデアは、そのほとんどが実現されます。結局、**アイデア自体は、将来における「点」なのです。そのときは突拍子もないように思えても、時間の経過とともに、技術面や価格面でのブレイクスルーによってピースが埋まっていき、いつかどこかで進化の「線」に取り込まれます。**問題はそのタイミングがいつかということです。

多くの人がこのタイミングを見誤るということ自体もまた、歴史に通底するパターンのひとつなのです。

すべての企業の「目的地」はひとつ

実は、テクノロジーを「点」ではなく「線」で捉えている人たちにとっては、どの事業を足がかりにするかという「道」はそれぞれ違えど、その「目的地」はほぼ同じです。

Google、Amazon、Facebookなどの巨大ＩＴ企業の創業者たちが考える未来像は、驚くほど酷似しています。AppleとGoogleが揃って自動運転車やスマートカーに参入し、GoogleとAmazonが宇宙産業においてしのぎを削っていることは、ある意味では偶然ではありません。

過去を振り返っても、とくにテクノロジー企業においては、ほぼ同じ時期に類似したプロダクトを投下していることがよくあります。たとえば、Googleが Android 社を買収して本格的にスマホに本腰を入れ始めたのは２００５年８月ですが、Windows Mobile が発売されたのは、まったく同じ月でした。iPhone の発売は少し遅れて２００７年１月ですが、２００４年の段階ですでにジョブズは「iPod の携帯電話版を考案中だ」と話しています。

実際にスマホが世界的に携帯のスタンダードになるのが自明となったのは２０１２年頃ですが、彼らは８年以上前からその時代の到来を理解し、買収や開発を進めていたように感じます。彼らは変化にスピーディに対応し、後追いでプロダクトを完成させたのではありません。同じ未来像を見ながら、いつそれに取り掛かるのが良いか、タイミングの読み合いをしていたのです。

ユーザーにとって最高の価値を提供しようとすれば、最も安く、最も速く、最も快適に、最適化されたサービスを提供し、ニーズを満たすことが求められます。「ユーザーが望むニーズ」と「現在の技術で実現できること」の接合点を突き詰めていけば、そこにバラエティはあまりなく、多くの場合その未来像は似たものにならざるをえません。

私も、いつも社員には競合のことを意識しすぎる必要はないという話をしています。**同じ場所を目指して登っていれば、意識しようがしまいが、いつかは競争することになるからです。**

その意味では、すべての企業は最終的には競争することを運命づけられています。

タイミングがすべてを決める

「点」で考えるのではなく、「線」でつないで考えれば、何が起こるかを予測すること自体は実はそれほど難しいことではありません。ただ、それがいつ起こるかを読むのが難しいのです。今盛り上がっているOculusに代表されるVR（仮想現実）も「そういう未来がいつかくる」と予測していた人は少なくありませんでした。

スマホやタブレットもコンセプトそのものはずっと昔からありましたし、実際に作って販売した人たちもいました。ただ、高すぎたり、重すぎたりなどの様々な理由から普及しなかっただけです。端末製造のコストが下がり、ネットの回線が十分に速くなったタイミングで登場したからこそiPhoneは成功したのであり、Appleだけに未来が見えていたわけではありません。ただ、タイミングが適切だったのです。逆に、セカンドライフも多くの人が予想した未来像だっただけに話題にはなりましたが、特殊なソフトウェアをPCにインストールする必要があり、高いマシンスペックも求められるなど、機が熟していなかったので、普及することはありませんでした。

この観点から見れば、たまに耳にするウェアラブルデバイスが流行《はや》るかどうかといった議論はあまり本質的な話ではありません。重要なのは、いつのタイミングで本格的に普及するのかです。

現実世界では複数の要素がからみ合って相互に影響を及ぼしながら進んでいます。そのため、タイミングを読み切るのは簡単ではありません。

タイミングが早すぎれば、コスト、技術、品質、倫理などの面で社会に受け入れられることはなく、逆に遅すぎれば成果はすべて他人に持っていかれてしまいます。

未来の方向性が予測できることは、あくまで最低条件です。さらに一歩進み、タイミングをどう見通して先回りするかについては、第4章で詳しく触れます。

ニコラ・テスラの不幸

ニコラ・テスラという科学者をご存じでしょうか。一般的には、電気を発明したのはエジソンとされていますが、現在主流になっている交流電流を発明したのが、テスラです（エジソンが発明したのは直流電流です）。

テスラは無線でワイヤレスに送電する技術を普及させようと、なんと１００年以上前に研究を進めていました。現在でも、送電は有線ケーブルを通じて行うのが普通ですが、テスラは、空気中を伝わり、離れた場所に電力を送るという、いわば、Wi-Fiの電力版にあたるアイデアを実現させようと考えていました。

テスラは、アメリカ五大財閥のひとつであるモルガン財閥の創始者、ジョン・モルガンから資金援助を受け、ウォーデンクリフタワーという60メートルの巨大な塔を建設し、昼夜そこで研究に明け暮れます。タワーからは轟音が鳴り響き、隣家からは、「雷がタワーから出ていた」という目撃証言がたびたび寄せられていました。

当然、最終的には、この研究は頓挫《とんざ》し、打ち切りになってしまいます。当時は有線の送電ですらようやくインフラが整ったばかりで、無線での送電を実現するのに今後どれほどの研究コストがかかるのかは、完全な未知数でした。資金援助を打ち切られたテスラは、ひっそりとベッドでその寂しい最期を迎えます。経済的な成功と社会的な名声を得たエジソンとは、対称的な人生でした。

実はこの無線送電の技術は、２０１５年3月に日本の三菱重工が実験を成功させています。10キロワットの電力を５００メーター先に送電し受電したことが、発表により明らかになりました。

ちなみにこの技術は、ゆくゆくは宇宙太陽光発電を可能にするといわれています。太陽光パネルを静止軌道上に打ち上げ、宇宙で発電した電力をマイクロ波により地球に送電し、再び地上で電気エネルギーに変換して利用する計画です。コストの関係から、実用化はおそらく2040年あたりになるだろうという説が有力です。

無線送電に人類が成功したのは2015年、テスラの実験が失敗に終わりタワーが撤去された1917年から、実に約100年後のことでした。

テスラは、理論上では、無線での送電が可能であることを理解していたのでしょう。ただ、あまりにも時代を先取りしすぎました。テスラは天才であったがゆえに、他人よりも100年先を走ってしまっていたのです。研究資金を出したモルガンも、やっと有線送電のインフラが整備され、これから投資を回収できるというタイミングで、さらにはるか先を行ってしまうテスラの着想にはついていけなかったというのが本音でしょう。

彼が世の中の先を行きすぎていた人物であったことは1904年の雑誌へのインタビューでも見て取れます。

「ポケットに入れて持ち運べる安価で操作の簡単な装置によって、海上でも陸上でも受信でき、世界のニュースや、ある目的に合った特別なメッセージが伝えられるようになるだろう。こうして地球全体が、互いに反応し合う巨大な頭脳になるのである。わずか100馬力の施設一つで、何億もの機械器具が操作できるため、このシステムは実質的には計り知れない能力を発揮しうるし、情報伝達は大幅に簡易化され、費用も安くなるに違いない」

テクノロジーや経済システムなど、社会における複数の要素すべてのタイミングが噛み合っていなければ、それがいかに誕生が運命づけられている技術であったとしても、普及することも、歓迎されることもありません。テスラの無線送電技術への挑戦は、私たちに雄弁にその事実を伝えてくれています。

第2章

すべてを「原理」から考えよ

第1章では、テクノロジーが持つ性質と進化の流れ、そこから見えるテクノロジーの将来像についてみてきました。この章では、具体的に私たちを囲む「政府」などの社会システムにどんな変化が起きるかについて、考えていきたいと思います。そのために、まずは社会の進化が何によって駆動されているのか、その原動力は何なのかを明らかにすることからはじめましょう。

すべては「必要性」からはじまる

「イノベーションこそが今の時代にこそ必要だ」という意見は、業界を問わずよく耳にします。イノベーションが社会を進化させるということについては、おそらく異論はないでしょう。しかし、その割には日本で次々にイノベーションが起こっているようには思えません。イノベーションは、何を原動力に生まれるのでしょうか。

以前、イスラエルに行った際、とても印象に残ったことがありました。

イスラエルはわずか人口８００万人程度の小さい国ですが、ナスダックに上場する企業はアメリカの次に多いという不思議な国です。実はイスラエルは知られざるイノベーション大国で、第二のシリコンバレーとも言われています。

たとえば、Googleが約10億ドルで買収した人々のリアルタイムの口コミを使ったカーナビアプリ「Waze」はイスラエル発のスタートアップです。その他にも、楽天が9億ドルで買収した、世界3億人以上の利用者を誇るメッセンジャーアプリ「Viber」も同じくイスラエル発です。実際、シリコンバレーのスタートアップであると対外的に見せていても、本社機能はイスラエルにあり、シリコンバレーのほうが支店というケースは、よく見られるのです。

私は、一度現地のベンチャーキャピタリストに、

「どうして人口８００万人の国が、こんなにうまく、継続的にイノベーションを生み出せるのか？」

と聞いてみたことがあります。すると、とてもシンプルな答えが返ってきました。

「Necessity（必要性）」だと。

中東は政治的な緊張関係があり、周辺国とも争いが絶えません。そのため政府・民間・大学・軍など全員が協力して収入を確保し、アメリカをはじめとする諸外国への影響力を保ち続けなければ、国として危機に陥ってしまいます。つまり、**イノベーションを起こすための必要性が、どこより切実に存在しているのです。**実際に現地に行けば、いかに政府、民間企業、大学、そして軍が緊密に連携してエコシステムをつくり上げているのか、その真剣さがわかります。

イスラエルでは、危機が日常です。テルアビブという、最も栄えている都市からでも、少し車で走れば反政府組織が潜伏している危険な地域に行き着きます。また、対立するパレスチナ側からはロケットが打ち込まれることだってあります。以前、出張から帰ったらすぐ爆撃への報復としてイスラエル政府が空爆を実施したというニュースを聞いたこともありました。

彼らにとっては、自分たちの国が存在することは当たり前ではないのです。

なぜ世界人口の1%にすぎないユダヤ人が、ノーベル賞受賞者の20%を占めるのか。それは、決して先天的な素質によるものではありません。彼らの賢さは、数千年の長い迫害から生き延びるために必然的に身につけざるをえなかった「知恵」なのです。

迫害されれば、文字に残しておいてもすべて焼かれてしまいます。彼らは次世代に伝えなければいけないことを、すべて暗記して口伝により語り継がねばなりませんでした。また、歴史上故郷として保証されている土地を持たなかったユダヤ人は、生活の糧を得るために土地に依存しない金融という業態を発展させました。彼らが発展させた金融技術は、厳しい状況下を生き抜く「必要性」が生み出した副産物であり、そのひきがねとなったのは迫害や差別といった人間の理不尽さです。「知識」は、彼らがその理不尽に対抗するために必要に迫られて身につけた武器でした。

この人口わずかな国が、イノベーションを起こし、ノーベル賞を受賞し続ける根底には、切実な「必要性」があります。


そして、すべてのテクノロジーもまた、その誕生の背景には「必要性」がありました。火も文字も電気も、それが生存する上で必要だったからこそつくりだされたものです。また、生物の進化もすべて基本的にはこの「必要性」に基づいています。一見変な形をしている昆虫や動物も、すべてその環境に適応するために必要な進化を遂げた結果なのです。

日本でイノベーションが起きない本当の理由

イノベーションとは日本では「技術革新」と訳されることが多いですが、実際はもっと広い概念で、新しい考え方や技術を用いて新しい価値を創出し、社会に大きな変化をもたらす行為全般を指します。

アメリカ、とくにシリコンバレーでは、こういったイノベーションの力を活用して産業を活性化し、国を盛り上げることに成功してきました。今世界中で使われているプロダクトやサービスのほとんどはアメリカの企業がつくったものです。Apple、Microsoft、Google、Amazon、Facebook、Twitterなど、その例は枚挙に暇がありません。今、イノベーションを生む社会構造をどのようにつくるのかは世界的に議論の的となっています。

これに習い、日本でも「国際的な競争力を高めるためにイノベーションを促進させなければならない」という話が、ここ10年ほど語られてきました。にもかかわらず、決してその成功例は多くありません。「起業家精神がない」あるいは「イノベーティブなものにお金が集まらない」などが、その理由として指摘されています。

しかし、私は世界中で事業を展開するなかで、違う視点からこの現状を捉えるようになりました。要は、今の日本社会には、イノベーションが起きるだけの「必要性」がないのです。

シンガポールは、外資や富裕層を誘致することで経済を成長させ、金融やテクノロジーにも国として積極的に投資し、アジアのなかでも極めて高い経済成長率を誇ってきました。彼らがそれだけ国としての競争力にこだわるのは、マレーシアと常に緊張関係にあるからです。水はマレーシアからの輸入に依存し、自国の面積は東京23区とほぼ同じサイズと極端に小さく、人口も約６００万人しかいません。自国に市場がない不利な環境の中で、隣国からの圧力に対抗するためには、経済成長しかありませんでした。この生存への「差し迫った必要性」が今のシンガポールをつくり上げています。

逆にイノベーション創出が叫ばれて久しい日本は、他国からの圧力もなく、自国の市場もそれなりの規模があります。**イノベーションをする「差し迫った必要性」が日本社会には存在していないのです。**だからこそ、仮にイノベーティブなものができたとしても、今の日本において普及するかどうかはわかりません。

これは個人的な考えですが、社会に必要とされていないものを提供しようとする試みほど報われない努力はないように思います。これだけ移動の自由がある時代、そのイノベーションを最も必要としている社会に行って、その社会で提供するのが需給の関係からも自然でしょう。

もちろん、長期的な目線や競争力の観点からいえば、日本にだってイノベーションは必要です。ただ、人間は差し迫った必要性がないとなかなか動けない生き物ですから、具体的なデメリットが顕在化し、生存に危機を感じるレベルでないと「必要性」というのは生まれにくいのです。

そして、この差し迫った危機が存在しない状況は、国としてはとても幸せなことです。戦争をしているわけでもない。経済は安定していて、現状を維持しても生活ができる。治安は抜群によく、テロなども滅多に起こらない。イノベーションが無くても国が成り立っているというのは、世界一安全で安定しているからこその「贅沢な悩み」なんだということは、他国を見てはじめてわかりました。

差し迫った危機がないにもかかわらず、無理に危機感を演出することは本末転倒です。日本の外に目を向ければ、世界は差し迫った危機であふれています。

私は、日本にイノベーションが必要だという考え自体に違和感を感じます。自分が生まれた国のためだけに活動するという考え方は近代に生まれたものであり、自明なものではありません。情報も人も自由に行き来が可能な現代において、実質的に国境はすでに消えつつあります。これからもこの流れはさらに加速するでしょう。**本当に「イノベーション」が必要なのは、国家や国民単位でしか物事を捉えられない価値観だと、私は考えています。**

国家の置かれている状況から考えれば、世界の各国に類似したパターンが見られます。

単一民族・単一言語・単一宗教で構成される国家というのは、どこも似たような特徴と課題を持つようです。典型的なのは韓国でしょう。韓国は日本の半分ほどの人口で、島国では無いもののそれ以外の条件は日本と似通っています。イノベーションの社会的な需要もあまりありません。一方で、通貨危機によって国が消滅するかもしれないという危機感が多くの人の記憶に残っているので、サムスンなどを筆頭にグローバル戦略は徹底されています。

アメリカが他国に比べて一枚上手《うわて》なのは、こういったメカニズムをすべて理解した上で、危機感をうまい具合にコントロールし、必要性を生み出している点です。移民を広く受け入れ、異なる人種・言語・宗教をひとつの国に収めることは、危機感や競争力を高めるために有効な施策です。逆に、同一民族、同一宗教、同一言語で集団が構成されると、周りと同じであることが前提になってしまい、新しい取り組みや異分子を受け入れづらい空気が自然と生まれてしまいます。このような状況で、リスクをとってイノベーションを生むことは構造上難しいのです。

一方、他国からの移民をどんどん受け入れるということは、自国民を、他国から来るハングリーで優秀な人たちと学問や職業などあらゆる面で競争をさせることを意味します。競争力のある国に生まれたからといって、国民はあぐらをかくことができません。

異分子を受け入れ、自国民と移民を競争させることで、国民全体に常に緊張感を持たせ、国家の競争力を高めているのです。

このように、テクノロジーだけではなく、社会を構成する人間にもまた一定のパターンが存在します。「どんな必要性が存在しているのか」という視点からそれぞれの社会を眺めると、また違ったものが見えてくるかもしれません。

原理に立ち返って考える

テクノロジー同様、「国民国家」などの社会システムもまた、ある社会において「必要性」が高まったために生まれたものです。社会で起きている変化のほとんどは、何かしらの課題を解決するための活動といえます。

ある社会システムが人々のどのような「必要性」によって生まれてきたのか、に焦点を当てて考えてみると、その次の展開も自《おの》ずと見えてきます。**その「必要性」をより効率的に満たすことのできるテクノロジーが普及したとき、社会システムに変化が生じます。**産業革命などは、その顕著な例でしょう。

この章ではまず、

①個々の社会システムがどのような必要性を満たすために生まれたのか

という原理に立ち返り、次に、

②その必要性をテクノロジーでより効率的に満たすことはできないかを検証するというアプローチで、これからの社会の成り立ちを考えていきます。

「必要性」とは、不確実な未来を予測するにあたっておおまかな方向性を示してくれる、コンパスのような存在です。

思考の補助線としての社会の3類型

これからの社会の成り立ちを考える前に、過去から現在に至るまで、どんな「線」に沿って社会が進化してきたのかを、それぞれのネットワークのあり方から簡単に整理してみます。

1　血縁型の封建社会

近代以前は封建社会が世界の主流でした。王様や貴族といった特権階級が存在し、その下に市民・平民・奴隷といった身分が存在し、人々は身分に縛られていました。職業を決めるのも、結婚相手を決めるのも、すべて身分に制限されており、個人に選択の自由はありません。身分はどの家庭に生まれたかによって決まっていたので、封建社会においては「血」が社会システムの基礎だったといえます。

図１　血縁型

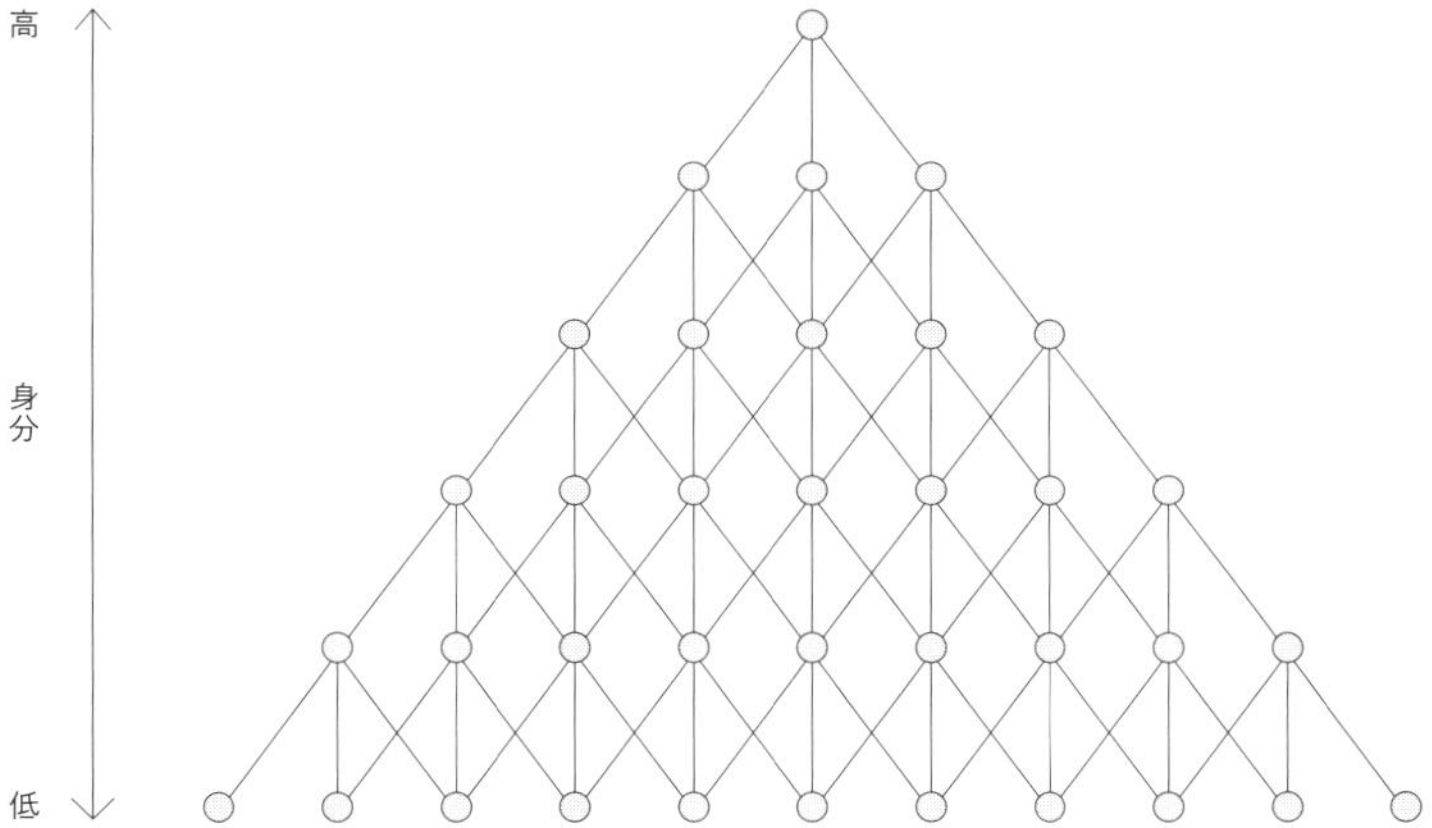

　このシステムは、１６００年代中頃から欧州を中心に、王制に対する革命という形で崩れていきます。イギリスでは清教徒革命と名誉革命が、フランスでも同様に絶対王政の打破を掲げた市民革命が起こりました。このとき掲げられた自由・平等といった概念は、現代も多くの国の政治の土台になっています。この頃からデモクラシー（民主主義）の概念が広まっていき、また、ほぼ同時期に産業革命により、都市部の工場を中心に資本主義が普及していきます。この民主主義と資本主義というダブルパンチによって、王様や貴族を頂点とした社会システムは完全に崩壊しました。この時代以降をここでは近代と呼ぶことにします。

2 ハブ型の近代社会

今私たちが生きている社会で共有されている価値観の基礎のほとんどがこの時代につくられたものです。今は当たり前に受け入れられている自由や平等といった概念は、そもそも1000年前には存在すらしていませんでした。もしも封建時代に王様と奴隷が平等であるなどと主張をしたら、まず命はなかったでしょう。私たちが当然としているものの多くは、他の時代においては当然ではなかったのです。

今の時代に当然とされているものを疑うことができるという能力は、未来を見通すうえで重要な資質です。

自由や平等といった価値観と同様に、義務教育、銀行、警察、図書館、国会、選挙など、今当たり前にある社会システムの多くはこの時代につくられたものばかりです。

近代以前、教育は裕福な人でないと受けるのが難しい、特権的なサービスでした。

国会や選挙は、一部の特権階級がつくるような社会ではそもそも必要がないものです。

近代に入りこれらのシステムが整ったことで、社会は以前よりフラットな構造へと変わっていきます。

図2　ハブ型

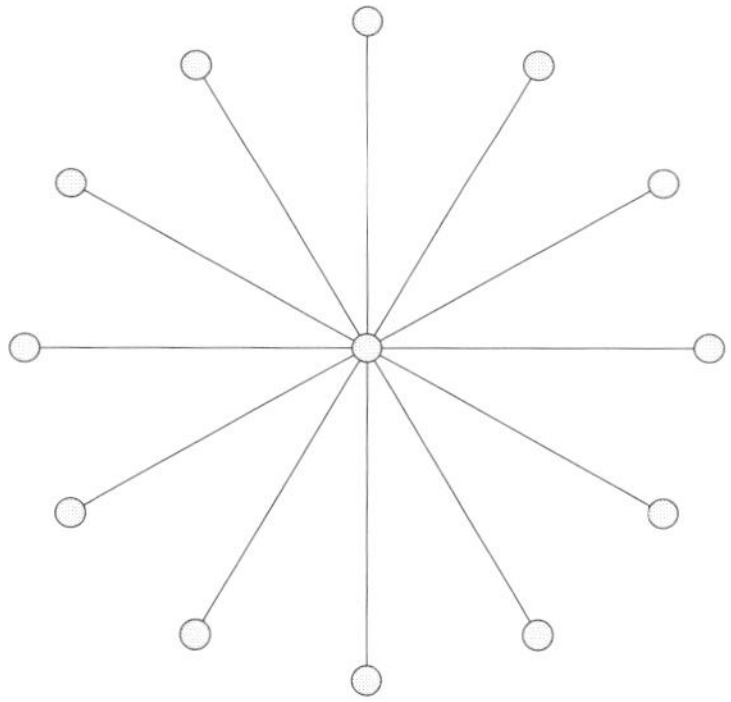

この時代の社会システムは「情報の非対称性」、言い換えれば「誰もが同じ情報を容易に共有できない」ことを前提につくられていました。

かつて、貴族・王族・聖教者は高いレベルの教育を受け、多くの情報を保有していた一方で、市民や農民は文字の読み書きすらできず、その情報にアクセスできませんでした。当時はインターネットやコンピュータといったテクノロジーも存在しませんから、必然的に情報格差が生まれます。情報共有の手段としては手紙や書籍が存在しましたが、いずれの手段も情報の伝達には時間的にも金銭的にもコストがかかりました。

結果的に社会システムはハブ型の構造になります。ハブとは通信回線のネットワークをつくるときにその中心になる集積回路の名称ですが、もともとの由来は「車輪の中心」を意味します。

この時代にはどこか一カ所に中心をつくり、そこに情報を集めて誰かが代わりに指示を出す形が、最も効率的なアプローチでした。この情報を掌握し、全員に業務を命令することのできる「代理人」がこの時代は権力を握ります。

民主政治などはまさにその代表例です。その地域で最も適切な代理人を選び、議会に出し、地域の利益を代弁してもらう。政府は国民の代理となり、議会で決まった内容を執行します。中央銀行も国家の通貨の供給量をコントロールするハブですし、学校もまた親の代わりに子どもに教育をするハブ、企業は株主の代わりに資本を増やすためのハブです。

情報の伝達コストが高く、スピードが遅かったために、様々なハブをつくり代理人を立てて「伝言ゲーム」をしていたのが近代の基本構造です。必然的に、ハブの中心には権力が集中するようになります。

実は今私たちが生きている社会も、多くはまだ「情報の非対称性」を前提に運営されています。

図3　分散型

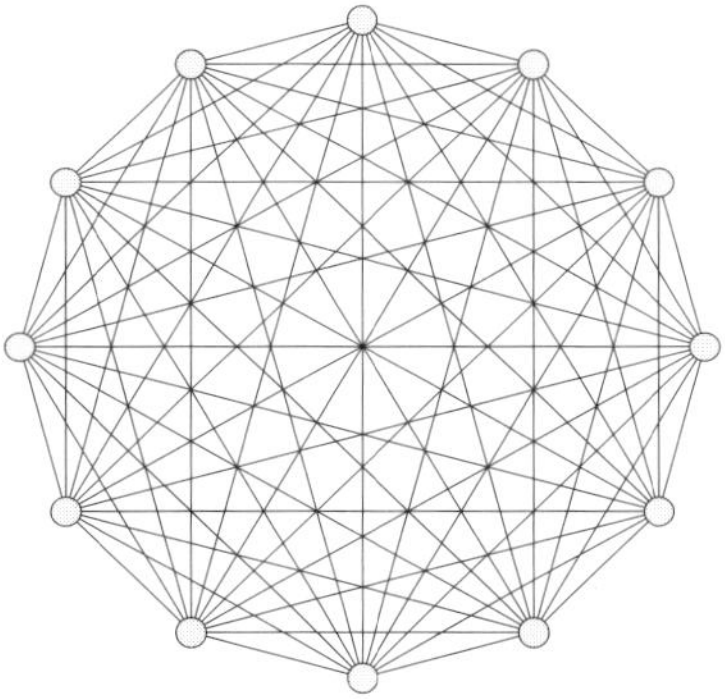

3　分散型の現代社会

近代につくられた社会システムの多くは今も残っていますが、その前提となる情報の非対称性は、少しずつ崩れつつあります。インターネットにより、情報の伝達は限りなくリアルタイムに、そしてそのコストは無料に近づきました。

世界80億人が同じネットワーク上でつながる未来が、間もなく到来するでしょう。大きな流れとして今後も情報の非対称性が薄れていくことは確実です。

では、情報技術の発達によってこれから訪れる「新しい社会構造」とはどういうものになるのでしょうか。

まず考えられるのは、**分散型の社会システテ**

ムへの変化です。分散型とは、中心が存在しないことを意味します。**近代のハブ型社会のように代理人に情報を集約させなくても、それぞれのノード同士ですぐに情報の伝達ができるのであれば、ハブが存在する意味はありません。**むしろ、ハブに情報を集約させるほうが、コストがかかってしまいます。

より便利で効率的な解決策が生み出されたとき、社会は時間をかけつつも、少しずつそちらに引っ張られていきます。これから30年かけて、社会はハブを通さずに個々のネットワークがつながる分散型へと変容していきますし、すでにその一部は実現しつつあります。

たとえば、ECはその典型例です。Amazonや楽天などのECサービスが出る前は、卸売業者がメーカーと小売を仲介して、商品の流通におけるハブになっていました。メーカーにとっては無数に存在する小売店すべてとコミュニケーションをとって取引するのは手間ですし、小売店にとっても、メーカー各社とやりとりするのは同様に手間です。

結果的に仲介業者である卸売は、代理人としてやりとりを一括して管理し、そして、流通に対して影響力を持つようになりました。ハブ型のモデルは、自然と中心の代理人に権力が集まる構造になっているからです。

しかし、ネットにより、メーカーは卸売どころか小売すら飛ばして直接商品を消費者に届けられるようになり、仲介業者の影響力は下がりました。別のルートで目的地に辿り着けるのであれば、わざわざ高いコストを払ってまで「関所」を通ろうとする人がいないのは、当たり前の話です。

また、ネットの本質は個々のノードをダイレクトにつなげることですから、BtoCではなく、CtoCという形で、企業を介さずに消費者同士で経済活動を完結させてしまうことも可能です。

詳細は後述しますが、今勢いを増しているシェアリングエコノミーも、この流れの一部です。

これまでつながっていなかったノード同士が相互に結びつくことで、情報のハブであった代理人の力が徐々に失われていくというのが、これからの社会システムの変化を見通すうえでの重要な原理原則です。

テクノロジーが境界線を「溶かす」

インターネットは2000年のネットバブルの崩壊とともに失望の対象となり、以後10年間は、せいぜい既存の社会を便利にするための「ツール」の域を出ませんでした。しかし、2013年頃から、その状況は大きく変わってきています。

この数年で、スマホとPCの販売台数は逆転し、スマホは先進国においては過半数の人に普及しました。それまでPCなどを持ちえなかった一般の人たちも、インターネットの恩恵を受けるようになっています。かつては若者の遊び場にすぎなかったＳＮＳは、いまや大人から子どもまで使う社会インフラとなりました。インターネットはようやくその準備期間を終え、単なる「ツール」の域を超えて、社会のシステムそのものを根底から再定義しはじめています。

たとえば、ビットコインは数世紀触れられることのなかった国家の通貨発行権にメスを入れるものです。この影響は経済の土台を揺るがしかねないものであるため、中国のように、政府が公に規制する例も出てきています。これ以外にも、インターネットが既存の産業を効率化し産業構造の変換を迫り、利益を得ていたプレイヤーが窮地に陥る例は枚挙に暇がありません。

これはインターネットというテクノロジーが影響を与える領域が、社会の表層からその核心部分にまで届きつつあることを意味しています。かつて騒がれていた「ネットが社会システムをつくりかえる」という絵空事は、15年遅れで、今ようやく現実のものになりつつあります。

インターネットは、現代の社会をどうつくりかえるのでしょうか。一言でいえば、それは**近代に引かれた様々な境界線を「溶かす」**という点に集約されます。ここでは、テクノロジーが溶かしはじめている境界線の例をいくつか挙げてみましょう。

1　国家と企業

国家は、自国民の生活に必要なインフラを整えるため公共事業を行う必要があります。ここでいう「公共事業」とは、国家が国民から徴収した税金によって、道路や水道や電気のような社会インフラに投資をする事業のことを指します。

従来国家の役割だったこの領域に、ここ最近民間企業が侵食しはじめました。グローバル化とインターネットの普及の中で、民間企業の提供するサービスが社会インフラ化し、公共事業的な色を帯びてきているのです。

社会インフラ化した民間企業の例として真っ先にあげられるのがGoogleです。Googleは、ネットさえあれば、誰もが無料で世界中の情報にアクセスすることを可能にしました。検索が存在する前、これに近しい役割を担っていたのは図書館でした。図書館は公共のインフラですから、その設立や維持にかかる費用はユーザーである市民が税金という形で負担するのが一般的です。一方、Googleにかかる費用を負担するのは、ユーザーではありません。すべて、検索エンジンの運営費は広告主からの広告費で賄《まかな》われています。ネット業界の人はこの広告料を「Google税」と呼んで揶揄《やゆ》することがありますが、これほど当を得た表現もないでしょう。

商売をすると必ずいわゆる「ショバ代」が発生します。時代においてその納付先は異なりますが、あるときは土地の所有者である領主、あるときは国家に「上がり」の数割を納めなければなりませんでした。現代では、ネット上の大通りにあたるGoogleというインフラの上に看板を出さないと客が来てくれませんから、広告料という形で「ショバ代」を払わざるをえないのです。

税金の負担者を変えて、Googleは行政に依存せずに情報インフラをユーザーに提供しています。

もうひとつ例を挙げるとすればFacebookでしょう。Facebookは全世界で12億人のユーザーを抱えています。これはインド一国の人口に匹敵し、インターネットを使う全人口の約40%にあたります。Facebookの役割は、行政が行う戸籍謄本や免許証の機能に近いものです。

私たちは戸籍謄本や免許証などの身分証のおかげで、契約のたびに信用調査をされなくとも「公的機関がその人の存在を証明している」という事実を示すことができています。Facebookもまた、それに近い機能を果たしています。Facebookにおいてその人の信頼性を担保しているのは、公的機関ではありません。その人の「つながり」です。

Facebookのアカウントを使って別サービスにログインできる機能も同様でしょう。サービス運営者にとっては、Facebookに情報を照会したほうが、信頼性が高い上に簡単です（ユーザーにアドレス登録の手間をかけたくないという思惑もあるでしょうが）。

今後はウェブサービスへのログインに留まらず、リアルの世界でもFacebookなどのネット上の情報を活用した信頼担保は重要な役割を果たすでしょう。すでに就職活動ではFacebookやTwitterなどの情報を選考の参考にする企業も出てきています。

今まで国家が担当してきた領域に民間企業が侵食しているのは、インターネット業界においてのみではありません。

電気自動車のテスラモーターズを経営するイーロン・マスクは、SpaceXという民間の宇宙ロケットを開発する企業の経営者でもあります。このSpaceXは、これまでの十分の一のコストでロケットを製造することに成功しました。

ロケット開発は、本来はＮＡＳＡなどの政府機関の投資領域でした。しかし、第1章でも触れた投資資金の流入と技術革新によって、宇宙産業は民間企業がビジネスとして成立させられる分野になってきています。国家にとっても、やみくもに自らが開発を行うよりも、競争原理にもとづく民間企業のスピードと拡張性を利用し、役割を分担することが合理的な選択になりつつあります。

こういった現象は、国民国家の仕組みが時代と合致しなくなってきてしまったことに起因しています。国民国家というシステムがつくられた時代には、今ほど情報も人も自由に行き来できませんでしたから、国境の中で、政府・企業・国民が明確に役割を分担できていました。国家は代理人として権力を持ち、その権力をもとに一企業には提供できない充実したインフラを国民に提供することが可能でした。

しかし、いまや企業の経済活動が一国で収まることは稀です。そして、国家のように領土に規定されない分、企業は世界中でビジネスを展開し大きな力を持つようになっています。ちなみにAppleの2014年の売上は1828億ドル（約22兆円）です。企業の「売上」を国家の「歳入」と同等に考えれば、Appleはすでに約200ある国家のうち20位付近に位置し、多くの国家を超える力を持っています。

企業側がこのように国家の役割を代替しつつある背景には、資本主義の原理があります。資本主義において、経済は右肩上がりの成長を前提とします。当然、その構成要素である企業も、成長を求められ続けます。

最初は小さな需要を満たすことで簡単に成長できた企業も、一定のレベルになると、より大きな需要を見つけて満たし続けない限り、成長が維持できません。いまや経済的な国境は消えていますから、企業は国家の枠組みを超えて、際限のない成長を自然と目指すことになるのです。

この資本主義の原理に則《のっと》れば、**巨大化したグローバル企業は、いつしかこれまで各国家が満たしてきた需要まで、自らの成長のために侵食していかざるをえなくなります。**

国民全員の利益になるサービスを提供するという意味では、すでに民間企業と政府の間に大きな差はありません。国家は税金をもとに国民の需要を満たしますが、民間企業は資本主義の原理の中でユーザーの需要を満たしているだけです。そして、スピードの面では、日々競争にさらされている企業の方が、国家よりはるかに優位に立っています。すでに、その役割において、企業と国は競合関係になりつつあります。

2　社内と社外

労働という概念もここ数年で劇的に変化してきています。「ノマド」という言葉が流行した際「単なるフリーター的なトレンドの再来だ」と主張する人もいましたが、今回はインターネットの本格的普及が背景に存在する、まったく別種の変化です。ノマドという言葉が定着するかどうかはともかく、このタイミングで「ノマド」がブームになったのは、世相を表しているというよりも、産業構造の変化に起因しているとみたほうがよいでしょう。

企業は、クラウドソーシングなどを活用すれば、大量の労働力を自社内で抱え込む必要はもはやありません。世界中のリソースをリアルタイムで必要な分だけ調達し、企業としては小さなまま、膨大な量の仕事をこなすことができます。すでにアプリ開発においては、運営企業は数名しかいないのに開発に関わった人たちは100人以上というケースもめずらしくありません。現在、クラウドソーシングの最大手oDeskでは、世界で600万人に近いフリーランスの人たちがオンライン上で仕事を完結させています。

仕事がどんどん分散化され、社外にいるクラウド化された労働者に外注されていくと、どこまでが社内でどこまでが社外かの線引きは非常に難しくなってきます。スキルのある人間は複数のプロジェクトに並行して関わるようになり、自社、他社という概念も意味をなさなくなります。また、それにより、人間が一人ひとつの職を持つという習慣も、今後変わっていく流れにあるでしょう。

私の知人にも、平日はフリーランスのゲームプロデューサーとして企業のプロジェクトに参画し、休日は飲食店などを経営している人がいます。ネットを通じてできる仕事で、成果にさえコミットできるなら、定められた時間に出勤することは義務ではないのです。その人にしかできない仕事があれば、企業に所属しなくてもいくらでも仕事は降ってきます。「社員」というのもまた、テクノロジーにより解体されうる、過渡期のシステムにすぎません。

3　自分と他人

インターネットと他のテクノロジーとの圧倒的な差異は「集合知」を可能にした点にあります。検索エンジンによって全員が同じ情報にアクセスできる状態では、どこまでが自分の知識でどこまでが他人の知識かという境界線を引くことが難しくなります。単語をひとつ打てば全員が同じ答えを出せるということは、これまで個体の脳内で完結していた知識を全人類で共有しているともいえるでしょう。

また、FacebookなどのSNSにより、知人同士ではお互いに多くのプライベート情報が共有されるようになりました。今後あらゆる物体がインターネットに接続され、常に人間がオンラインの状態になれば、他人と自分の境界線はますます曖昧になり、それに伴いプライバシーという概念そのものも変わっていくことが予想されます。

プライバシーもまた、人間にとって自明の存在ではありません。歴史的にみても、プライバシーは比較的最近誕生した概念です。

生活において最もプライバシーにかかわる行為である入浴でさえも、19世紀になるまでは公共の場で行われていました。日本の銭湯などをみても同様で、今のように各家庭において入浴するようになったのはさほど昔のことでありません。

また、プライバシーには私的領域の保護という目的がありますが、ローマ時代以降、ヨーロッパのほとんどでは、「孤独」というのは聖教者だけに発生するものであり、その他の庶民にとっては、むしろ生活のほとんどは誰かと関わっているのが普通でした。

今はSNSなどで共有する情報は、「誰かに見せたい情報」に限られていますが、今後ネットが電気のように社会の隅々にまで浸透すれば、いずれ、能動的に投稿していない情報までも他人に共有されるようになります。

たとえば、スマートウォッチなどのウェアラブルデバイスが普及し、同時に各種のセンサーが街中に埋め込まれると、家族や恋人や友達とは、能動的に何かをすることなくとも自分の状態が共有されることになります。

スマートウォッチを通して親が子の居場所や健康状態を共有したり、恋人が見ている景色を

Google Glassのようなデバイスを通して共有したりすることが可能になったとき、自分の情報を共有することへの意識的なハードルがより低くなっていくことは容易に想像できます。**共有することのメリットや楽しさがより大きくなっていく以上、プライバシーの概念もそれに伴い今よりもゆるやかになっていく可能性は高いでしょう。**

塗り替えられる近代の社会システム

ここまで、今後社会はハブ型から分散型へと移行すること、その過程で様々な境界線が「溶けて」いくことを紹介してきました。

ここからは、私たちの暮らしをとりまく政治や経済が具体的にどのように変化していくかを考察していきます。そのためにはそもそもどんな必要性を満たすために生まれたのかという原理に立ち返りつつ、その必要性をテクノロジーでより効率的に満たすことはできないかを検証する必要があります。

1　国家

国家とは何か？　これを一言で表すのはとても難しいでしょう。

国家が誕生したのはつい最近のことで、最初は、より小規模な村や集落という形で人類はコミュニティを運営していました。それが、拡大するにつれ高度化していき、軍隊を持ち、法律を整備し、通貨を発行することで近代国家へと進化していきます。

現代では経済も政治も国民国家の存在を前提に考えられていますが、人の歴史を振り返ってみれば、国家という枠組みはそれほど普遍的なものではありません。

一般的に私たちが国家と呼ぶ存在は、3つのものを持っています。領土と国民と権力です。

1つ目の領土は、様々な経済活動や国民生活の下地となる重要な要素です。現代の主要国家をみれば国土の大きさと国の影響力は、おおまかにいえば比例する傾向にあります（中国、アメリカ、ロシアはともに広大な領土を持っています）。

2つ目は国家に住む人、すなわち国民です。その国家の国民であるためには、その国のルールを守る義務が発生します。その義務を果たすかわりに、国民は政府によって様々な権利を保障されます。

3つ目が権力です。国家は様々な力を持っています。法律を制定する力、税金を徴収する力、刑罰を執行する力、通貨を発行する力……。これらの力が、国家を継続させ続けているといっても過言ではないでしょう。

そもそも、なぜ国家はこれらの力を持つようになったのでしょうか。言い換えれば、どんな必要性を満たすために、これらの力は誕生したものなのでしょうか。ここではそれを少し考えてみたいと思います。

国家ができた理由を一言で言えば、「生存確率を上げること」に尽きるでしょう。群れをなす動物と同様に、集団で行動することで、人間は生き残る確率が上がります。外敵に襲われにくくなり、集団の知識を共有しあうことで同じ失敗をしにくくなります。また、怪我をすれば、仲間がかわりに食料を分けてくれるなど、それぞれの不足を補うこともできるでしょう。すべて、個体の死ぬ確率を下げる行為です。

個体にとって、生存以上に直接的で切実な必要性はありません。

初期の人類は集団で狩猟をしながら暮らしていました。しかし、狩りは獲物がいつも見つかるとは限らない、ハイリスクな手法です。時を経て、人類は狩猟から、より不確実性の低い農耕や牧畜へと移行しはじめます。農耕や牧畜は手間こそかかるものの、一定の土地とノウハウがあれば継続的に食料を確保することができます。農耕社会において、「土地」は経済力の源泉でした。

集団は領土を拡大することで、より多くの食料を確保し、多くのメンバーを養えるようになります。集団に属する個人は、より多くの土地を耕せば、より豊かな暮らしができます。個人は集団のために「税」という形でその資源の一部を差し出し、そのかわりに集団は領土を拡大し、所属する個人一人ひとりに、より豊かな暮らしを提供していきました。

一方で、領土が拡大しコミュニティの構成員が増えると、当然輪を乱す者もでてきます。この段階において、コミュニティを快適に維持するために、特定の人に力を与え、構成員全員にルールを遵守させる必要がでてきます。これが「権力」の起源です。

近代は「代理人」に権力を集中させることで、あらゆるプロセスを効率化させてきた時代でした。国家はその最たる存在です。国民の力を国家という代理人に集約させることが、近代の社会を運営する上では最も効率的でした。

もちろん近代以前の時代も、国家（やそれに準ずるもの）は「代理人」としての役割を持ってはいましたが、近代の特徴は、徹底してそれを大規模に行い、スケールメリットをとことん追求したことにあります。規模が大きくなることで多くの領土と国民を獲得し、それに応じて権力も強まっていきました。

領土・国民・権力

この近代国家のシステムは、新しいテクノロジーによってどういった方向に変化していくのでしょうか。

まずは領土です。かつて、国家にとって土地の広さは農業や工業における生産能力と直結しており、国力そのものでした。しかし資本主義が成熟するにつれ、全世界的に産業の中心が農業や工業から、金融や情報通信といった物理的な制約に縛られない分野に移ってきます。この事実自体はよく指摘されるものの、その理由、すなわちどんな必要性があったのかということについて語られることは多くありません。

資本主義社会は常に次の金脈を求めてさまよい、より効率的に資本を増やせる方法を探しています。人間の欲望には際限がないという前提に立ち、その性質を活用して経済を発展させていこうとするのが、資本主義の本質です。そして、その資本主義において最も必要性が高いのが「資本を高速で増やすこと」です。

では、農業や工業と金融や通信産業、どちらがより効率よく資本を増やすことができるのでしょうか？

農業や工業といったビジネスは、資本を一度商品という物質として現実世界に戻します。そして、物としての商品を販売し、資本を増やすという手法をとります。一方で、金融や情報通信は現実世界に戻す物質が存在しません。金融は資本から資本を生み出し、情報通信は情報を資本に変えます。貨幣も情報もただの概念であり、非物質的な存在です。

現実世界に物質として戻しそれを元手に資本を増やすのと、仮想の概念同士のやりとりで資本を増やすのと、どちらがより効率的かつスピーディか、結果は明らかでしょう。現実世界の形ある商品を作るためには工場も必要ですし、倉庫から配送まで様々な物理的な制約も存在します。そういった制約が多いほど資本が増えるスピードは落ちていきます。

一方で、場所も時間も必要とせず、資本や情報のみで完結するビジネスは、スケーラビリティが高いです。工場も倉庫も、何万人という従業員も必要ではありません。世界中のどこにいてもビジネスができ、かつ、多額の初期投資も必要ありません。

より効率的でよりスピーディに資本を増やしていく方法を探していくと、経済の中心は農業や工業から、金融や情報通信などの非物質的な分野に移っていくのが必然的な「流れ」です。水が高いところから低いところに流れるように、資本の高速増殖という原理に従い、産業はその中心を移行してきました。そして、その「流れ」が見えていれば、今後の方向性もある程度予想可能です。

アメリカが世界のリーダーとしての地位を今も変わらず保ち続けているのは、こういった産業の移り変わりをうまく捉え、集中的に投資して自国の企業を各国に進出させているからです。コンピュータが誕生してから、アメリカはヒューレット・パッカード、ＩＢＭ、Apple、Microsoft、ＤＥＬＬなどを世界的企業へと成長させてきました。そしてインターネット産業が誕生してから、今度はGoogle、Amazon、Facebook、Twitterなど、シリコンバレーを中心にいくつもの企業を世界的規模に成長させています。

そして、アメリカには西のシリコンバレーに対し、東にはそれらの企業の株式を売買して儲ける世界最大の金融センター、ウォール街があります。現在主流となる金融と情報産業の両方を絶妙なバランスで備えているという強さが、アメリカという国を支えています。

インターネットや金融といった地理的な要素に縛られない産業が経済の中心になるほど、領土という要素の重要性は下がっていきます。

シンガポールのように、領土が狭く資源に恵まれない国も自国の経済を成長させる例が出てきたのは、この「領土の重要性の低下」という流れがベースにあります。将来的には、領土をほとんど持たない国家が世界の中心になることも、十分にありえます。

次に国民です。

中国やインドのように莫大な国民を抱える国が、今後も市場として成長が期待されるのは間違いありません。一方、逆に日本のように少子高齢化が進む国の成長率が鈍化していくこともまた自明です。

作り手（生産者）は土地を選ばずビジネスができる時代ですが、結局貨幣が使われるのは、消費者＝国民の数が多い場所です。その意味において、国民数が多い国の影響力が高いという傾向は今後もしばらくは続くでしょう。ただ、決済も含めビジネスのすべてが国境を持たないインターネット上で完結できるようになった今、かつてのように単純に国民数と国力が比例する時代では徐々になくなってきています。

先ほど、国家とはコミュニティが進化したものだと述べました。そして、「コミュニティ」という言葉をさらに遡れば、その起源は「コミュニケーション（交流）」にあります。コミュニティは、本来同じ思想や教義を持つ人同士がコミュニケーションをとるための「場」として形成されてきました。

どんな場所にいようと、同じ思想や教義の人たちとコミュニケーションを交わすことができるこの時代において、土地に縛られていた時代とは、国家と国民の関係も変わりつつあります。

世界最大のSNSであるFacebookは、世界中にユーザーが12億人以上存在し、買収したWhatsAppとInstagramも合わせると、累計のユーザー数は20億に達します。

コミュニケーションの場としての役割は、すでに国家だけのものではなくなり、徐々に国家はかつてほどのメリットを国民に提供できなくなっています。

かつて、農業を中心とした社会であれば、生活を豊かにしたい国民と領土を拡大したい国家の利害は一致していました。しかし、無形の商材を扱うサービス業が中心になったいま、その利害の一致は失われ、国家と国民の関係はどんどん形だけのものになってしまいつつあります。

とはいえ、国家に所属するメリットを感じなくなった国民が、自由に国を選択できるようになるか、と問われればその答えは否でしょう。少なくとも、国家というシステムは「形式的には」かなりの間残るものと思います。なぜなら、国家は権力という強力な武器を持っているからです。

権力は、国家を国家たらしめる最大の要素です。領土に住む国民に対して強制的に何か行わせる権限を持ち、法律によってルールそのものをつくることができる。この統治権こそが、現代では国家そのものといえます。

国家が形式的には残るだろうと考えられるのは、時代が変わり「必要性」が変わったとしても、国家は法律や規制を制定することで、世の中の流れを多少遅くすることができるからです。

選挙のシステムにはインターネットがなかなか導入されてきませんでしたが、これらも国家が規制をつくり効率的な取引を阻害しているひとつの例といえます。

しかし、多少スピードを遅らせることができたとしても、いつまでも「必要性」の変化に無縁でいることはできません。そもそも、国家がなぜこれほど強力な統治権を持つようになったかといえば、単純にそれが最も効率の良い方法だったからです。領土が増えて、国民も増えれば、ハブの中心となる国家の仕事量も増えます。代理人である国家に強力な力を預けなければ、全体の管理はままなりませんでした。

コンピュータやインターネットの登場は、この統治のあり方を変えつつあります。情報技術の発達は中央に強力なハブがある意味を薄くしてしまいました。時間と空間の制約を受けずに情報を伝達できるようになれば分散したネットワーク型のシステムでも十分にローコストで管理ができてしまいます。選挙などはその最たる例でしょう（詳細は後述します）。

これまで国家が行ってきた膨大な情報の管理や処理も、民間企業や個人がつくったシステムで同じことができてしまう時代です。場合によっては、国家よりも民間のほうが効率的かつ低コストでできてしまう業務は多数存在しています。Google が情報を共有するためのインフラとなり、Facebook が個人の信頼を担保しているのも、そのひとつです。

前述したように、17～20世紀は代理人にまとめて管理させることで効率的な社会システムを確立させてきた時代です。

軍隊、工場、そして学校さえも、すべて大規模かつ画一的に個々人の行動を管理するように設計されている点では共通しており、いずれも、この時期に標準化されています。

近代より前、農耕社会ではこれらを効率的に管理しようという価値観自体が存在しませんでした。時間の管理が重要になったのは、産業革命後工業社会になり、高速で資本を増やすために、ルールを整備し、画一的に管理する必要性が生まれたからです。効率という価値観は、資本主義の普及と足並を揃え、社会のあらゆるところに浸透していきました。その過程で無数の小規模集団や個人は国家に統合され、統一されたルールのもとで運営され、より効率的な社会が形成されてきました。

21世紀は、これまで有効に機能したハブ型の国家と、より効率的に分散型の仕組みを構築しようとする民間企業や個人が「綱引き」をする期間といえます。そして、その際、国家にとって最も脅威となるのが多国籍企業です。

国民国家VS多国籍企業

すでに経済的な意味において、国境はほぼ消えています。私の経営する会社も8カ国に拠点を設立して各国で事業を展開していますが、所定の手続きに則って進めれば、事業をはじめるのはとても簡単です。

一方で、国家は領土に縛られるので企業ほど身軽に活動の幅を広げられません。国家が物理的に領土を広げようとすれば、戦争が起きてしまいます。領土内では圧倒的な力を発揮する国家も、機動性や柔軟性という点においては、決して民間企業には勝てません。

もともと、国家も企業も世の中の「必要性」を満たすために誕生した組織であり、異なるのはそのアプローチだけです。国家は法律を執行し、公共サービスを提供することで国民の「必要性」に応えます。企業は、同じことを自社の製品やサービスを通じて行います。


従来、多くの企業の活動範囲は国内に限られていました。しかし、グローバリゼーションの進行とインターネットの普及は、企業を土地から解放しました。企業は資本主義の原理に基づきどこまでも成長を求められ、これまで国家の担っていた役割までも侵食していきます。そして、その侵食は自国内だけでなく全世界において行われます。


なぜ、民間企業のほうが競争力を持つかといえば、国家と比べてコストと効率の面で優れたソリューションを提供できるからです。

たとえば、学校運営をみてみれば、そのギャップがよくわかります。公立の学校が最低限の義務教育を提供するのに対し、私立や塾はブランディングからマーケティングまで、競争力を持つべく力を尽くします。営業努力をしないと、生徒が来ないからです。

実際、国立の東京大学がトップである日本と違い、ハーバードやスタンフォードなどアメリカの難関大学の多くは私立です。ハーバードなどの名門大学は、採用や買収を通じて各国の優秀な人材を取り込むグローバル企業さながらに、国を超えて猛烈な人材の獲得競争を行っています。各国の国立大学に対し、海外の名門私立大学はすでに圧倒的な競争力を持った競合となりつつあります。

権力で多国籍企業を制限しはじめた国家

民間企業の侵食に対し、各国もその権力をもとに対抗をはじめました。たとえば、フランスでは反Amazon法ともいえる、ネット小売店に対して書籍の無料配送を禁じる法律がすでに可決されています。

シェア拡大を目的に書籍の大幅な値下げ攻勢をかけるAmazonから、フランス国内の書店を守るのがその目的です。消費者にとっては便利なAmazonも、国内の書店にとっては、対抗不可能な戦略を仕掛けてくる敵でしかありません。

しかもAmazonは米国の企業なので、容易に課税ができません。多国籍企業はタックスヘイブンなどを利用し容易に課税を迂回するため、フランスにとっては、国内企業を外資に潰されるというデメリットしかありません。

課税というシステムそのものが、近代国家を前提にしか成立しないものです。インターネットが普及した今、その矛盾は徐々に露呈しはじめています。国家の中で企業が活動することが当たり前だった時代には、想定不可能な事態が起こっているのです。土地に縛られずビジネスができるようになった時代に、土地を前提に作られた課税という仕組みが様々な摩擦を引き起こすのは、ある意味では必然といえます。

ドイツにおいても、検索で独占的な地位を占めているGoogleを分割するべきだという声が議会から上がり、すでに検討されはじめました。欧州全体が、Googleに対抗できるような国内企業を育てることができず、自国の市場を食い荒らすアメリカの企業に不信感を募らせています。すでにEUはGoogleを独占的地位の乱用で正式に提訴し、60億ドル（約7200億円）以上の制裁金を課そうと動きはじめました。

日本政府もGoogleの独占を阻止する戦略の策定を急いでいます。2014年10月に経済産業省は「データ駆動型経済社会における競争政策を考える懇談会」を設置し、Googleに対抗しうる企業の育成やGoogleの市場独占を防ぐための法規制をテーマに、戦略を固めていくことが決まりました。Googleの影響力は、すでに各国政府の懸念事項になるほどに高まっています。

この点において、実は先見の明があったのが中国です。中国では、Facebookは上海などの一部の地域を除いて利用できません。一般的に中国のSNSや検索などは国家の検閲対象であり、政治的に問題のある発言がないか、随時チェックできる体制が整えられています。外資系企業が締め出されているのは、政府のコントロールが効かないためです。

このため、シリコンバレーのインターネット企業も、中国でシェアを獲得するには至っていません。Googleですら、政治的なプレッシャーもあり、競合のBaiduからシェアを奪えず、最終的には香港にサーバーを移し、事実上撤退しています。

以前は、こういった閉鎖的な中国の戦略に、国際世論は冷ややかな目を向けていました。しかし、各国の産業がシリコンバレーの企業に骨抜きにされていくにつれ、各国政府は中国と同様の戦略をとり始めています。

外資を規制し、国内の企業を大事に育ててきた中国は、いまやインターネット産業において、米国と唯一競争できる可能性を秘めた国です。Baidu、Tencent、Alibabaという巨大企業を育て、なかでもAlibabaはナスダックでFacebookを超える史上最大のIPOを果たし、現在も時価総額は20兆円以上で推移しています。

中国政府はインターネットというテクノロジーが社会に与える影響を早いうちに見抜いていたのでしょう。だからこそ、自国企業を、飴と鞭を与えつつ慎重に成長させてきました。

中国政府は、自国企業に外資のＩＴ企業参入を意図的に制限するという「飴」を与える一方で、ＩＴビジネスの許認可を細かく設定し、投稿内容の検閲を行うなどの「鞭」もふるい、巧みにコントロールしています。

Google、Facebookなどの企業に各国がこれだけ強く抵抗する理由は、その規模の大きさだけではありません。コミュニケーションを扱う領域は、その国の世論にも影響を与えうるため、国家もナーバスにならざるをえないのです。

今まではコミュニケーションを制限するためには各国の電話会社をコントロールしていれば十分でした。しかし、最近はネットを通じたコミュニケーションが主流になりつつあるため、いかにしてインターネットサービスを擁する企業を管理下におくかが、政府の課題になっています。ＬＩＮＥやＫＡＫＡＯ ＴＡＬＫ、Viberなどの急成長したチャットアプリは、中国や一部の国では政府によって利用が制限されています。国家としても、利用を制限する以外には、まだ対処法が見つかっていないというのが実情です。

ジュリアン・アサンジが創設したウィキリークスやエドワード・スノーデンの事件などをみれば、政府がネットを徹底して管理することなどできないという意見が一般的かもしれません。

ただ、私個人は五分五分の確率で、政府がネットを完全に監視下に置くこともありうると見積もっています。

ただ、ネットが完全に政府の監視下に置かれた場合、また別の事態が起こるでしょう。おそらく、人々はより自由な別のネットワークを求めてその監視を「迂回」していくはずです。

2014年に香港で起こったデモをきっかけに有名になった、Firechatというアプリをご存じでしょうか。このアプリの特徴は、メッシュネットワークという携帯端末そのものを経由したネットワークを通して、通信会社の回線を使わずにコミュニケーションを交せる点にあります。これにより、政府はついにインターネットを遮断してもコミュニケーションを封じることも、検閲することもできなくなりました。このようにひとつの穴を塞いでも、テクノロジーは必要性がある限り常にそれを迂回する別の方法を生み出していきます。政府による管理とテクノロジーによる迂回のイタチごっこは今後も続いていくでしょう。

国家の予算に換算するとすでに20位付近に食い込む勢いのAppleをはじめ、経済的な影響力だけ見れば、Google、Amazon、Facebookといった巨大企業はいまや小国を上回る規模になっています。**今、上位の先進国が警戒するのは、隣の小国ではありません。場所を選ばずビジネスができるグローバルIT企業なのです。**

融合する国家と企業

Google や Amazon は、すでに純粋な民間企業とはいえない側面も持ちはじめています。先ほど、国家は土地に縛られて身動きが取れず、その権力は国家内に限られることを述べました。一方、民間企業は地理的な制約を受けずに自由に活動することが可能です。

そして今、国家と企業はそれぞれの得意な領域で協力関係を築きつつあります。国家は権力を、企業は活動領域の拡張性と機動性をそれぞれ持っています。このふたつが補完し合えば、さらにその脅威は増すでしょう。

結論からいえば、各国政府が警戒しているのは、Google や Amazon という単体の企業ではありません。背後に存在するアメリカです。

少し全体像が見えづらいですが、実は巨大な多国籍企業とは、見方を変えれば出身国政府の代弁者であるのです。各国政府は「Google とは形を変えたアメリカである」という認識をここにきて少しずつ持ちはじめています。

アメリカにとっては、ＩＴ企業の活動範囲が広まれば諜報活動がはるかにやりやすくなります。アメリカには、人を使った諜報活動を担うかの有名なＣＩＡの他に、情報技術による諜報活動を行うＮＳＡと呼ばれる組織があります。ＮＳＡは日本での知名度こそＣＩＡに劣りますが、人員10万人、５兆円というＣＩＡの４倍以上の予算規模を持つ巨大組織です。

以前も、ＮＳＡは米国のインターネットサービスの検閲を行っていることがニュースで報じられ、大きな話題になりました。

ＮＳＡが国家安全保障の目的でインターネット上の情報を収集する国家の「裏」の組織だとすれば、Google は人々の生活をよりよくするという看板を掲げ情報を収集する「表」の組織ともいえます。手段は違えど、どちらの活動も結果的にはアメリカという国の利益につながっています。

もし仮にＮＳＡがアメリカ企業の内部情報を取得できる立場にあるとすれば、アメリカ企業の世界シェアが広まるほど、ＮＳＡが収集できる情報も増えることになります。各国政府にとって、これは安全保障上の危機です。

先ほど、コミュニケーションを扱うインフラには各国政府も慎重にならざるをえないと述べたのは、そういった理由からです。

アメリカ政府は、民間企業をうまく活用し国際的影響力を高めたほうが得だと考えれば、Google などの企業を全面的にバックアップするでしょう。逆に、企業側が国に対して何らかの働きかけをしていてもおかしくはありません。
実は2014年のアメリカの中間選挙で最も政治献金をしていた企業はGoogleでした（ちなみに2位はゴールドマン・サックスです）。共和党と民主党の多くの候補者は、IT企業からの献金によって国政選挙に参加しています。この点に、Googleの別の顔が見え隠れしています。

この観点から見れば、中国の採った戦略や、欧州や日本の厳格な警戒態勢の意図も見えてきます。これは、単なる国家と企業との経済的な摩擦問題ではありません。その背後には、アメリカと各国との代理競争という構図が隠れています。さらに、各国政府からすれば自国の税収だけでなく、雇用すらもアメリカに流出するのですから、放置しておくわけにはいかないでしょう。

アメリカでは政府や大学と民間企業の連携はすでにかなり密接に行われています。DARPA（国防高等研究計画局）の長官の転職先はGoogleでしたし、DARPAが支援した二足歩行ロボットを製作したBoston Dynamicsも、Googleに買収されています。

ＩＴ分野だけでなく、宇宙産業でも、民間との提携はすでにはじまっています。イーロン・マスクが創業したSpaceXの売上の多くは、NASAからの受注です。これまでロケットやスペースシャトルの開発は政府が内製していましたが、徐々に民間にアウト・ソーシングされ、コスト削減が行われつつあります。

政府が得意な分野は政府がやり、企業が得意な分野は企業に任せる。国家と企業は競合になる一方で、互いの境界線はいまや融解し、共生関係を構築するようになりつつあります。**「国家の企業化」**と**「企業の国家化」**の両方が、現在進行形で進んでいるのです。

通貨発行権をめぐる争い

国家が持つ権力の中でも重要なもののひとつが通貨発行権です。私たちが使っている日本銀行券は、国によって「法定通貨」として定められています。国による裏付けがあるからこそ、私たちは相手にこの通貨での受け取りを強制できるのです。

国家は中央銀行を通じて通貨が市場に出回る量をコントロールできますが、この権限がなければ、経済への直接的な影響力は大きく下がります。

ビットコインの登場は、中央銀行というシステムそのものを否定するものであったため、世界に大きな衝撃をもたらしました。ビットコインの最も特徴的な点は、通貨発行者がいなくても機能する点です。本来は通貨には発行者が必要で、通常はこれを中央銀行が担っていました。詳しくは触れませんが、ビットコインはブロックチェーンと呼ばれるテクノロジーを使った暗号通貨で、ネットワークすべてに取引履歴が記憶される仕組みになっています。そのため、通貨発行者がいなくとも、記録から通貨がどこからどこに移動したかを把握することが可能になり、結果として中央に管理者がいなくても成立するようにできています。

この暗号通貨はその匿名性の高さもあり、初期は各国政府から警戒されていました。麻薬の違法取引やテロリストなどへの資金提供に使われるのではないかと、懸念の声が上がったのです。

もしこうした暗号通貨が普及して、誰がどのような取引をしたか外部から追跡できなくなると、どのようなことが起こるでしょうか。

まず、国家の徴税権が弱まり政府の税収が減少することが考えられます。取引が追跡できず個人の資産状況が把握できなければ、税金を課す根拠が成立しません。つまり、**通貨発行権を失うことは徴税権を失うことに近いのです。結果として、国家はそのあらゆる権力の源泉を失ってしまうことになります。**だからこそ国家は、これだけビットコインを恐れているのです。

ビットコインは、まださまざまな懸念や規制から大きなシェアを獲得していませんが、私たちの生活でも、すでに似たような事態は起こりはじめています。電子マネーの普及です。たとえば、Tポイントや Suica にチャージされている残高は銀行口座に蓄積されている貯金とは異なります。現在、電子マネーは法律的にみればサーバー上のデータにすぎず、純粋な意味での貨幣とはいえません。しかし、実際にはそれらの電子マネーはコンビニなどで貨幣と同じように使うことができます。

こういった電子マネーの流通が増えてくれば、ますます実体経済での取引量と名目上の通貨の流通量が一致しなくなってくるでしょう。経済規模が縮小しているように見えて、実はバーチャル経済に中心が移動していただけだったという世界も、その実現が近づきつつあります。

これから企業や組織が電子マネーやポイントを発行して独自の経済システムを構築していくと、国家はますます国民の資産状況や収入状況を正確に把握することが難しくなってきます。たとえば、現金口座には10万円しかないが、5つの電子マネーの残高がそれぞれ10万円ずつあった場合、どこまでを資産とするのか。線引きをすることも、すべての電子マネーを厳密に管理することも難しいでしょう。

国家が果たしていた仕事を多国籍企業が代替し、権力の源泉でもある徴税権が弱まっていけば、従来の形の国家の力は弱まっていく可能性が高いはずです。ただ、現時点では、これから国家は弱体化していくと早急に断言することはできません。企業の力をうまく取り込むことで弱点を克服する、新しいタイプの国家も出てくるかもしれないからです。

たとえば、エストニアでは、大統領選挙をスマホから投票できるようにし、国家運営を大幅に効率化しています。選挙にかかるコストを削減できればその予算を他に回すことができますから、国の競争力を高めることにつながります。シンガポールも、政府が積極的に投資事業を行い、資源と領土の少なさを補ってアジアでは高い経済成長率を維持しています。

これまで国家の主な要素であった領土、国民の重要度が下がっていく一方で、その流れを見極め、自国の戦略に反映させる国家はむしろ影響力を強めて、新しい国家のあり方を創出しはじめています。

2　政治

国家の中枢である政治は、テクノロジーによってどのように変わっていくのでしょうか。そのためには、まず政治がどんな必要性を満たすために誕生したのかという原理に立ち返って考える必要があります。

古代ギリシャのような小規模な都市国家では、広場に市民が集まり、弁士の演説を聞いてその場で議論を交わし意思決定をするというシンプルな直接民主制を採ることも可能でした。たしかに、数百人、数千人程度の国家であれば、広場で代表者の演説を聞いて、投票したほうが効率的でしょう。複雑な制度など必要ありません。

しかし、何百万人と国民が増えてくるとこの方法は成立しません。国家の中にも、利害関係の一致しない数多くのグループ（集落、階級、組合など）が生まれてきます。また、利害関係が複雑化してくるにつれ議論の内容も細分化されていき、各人の主張内容をすべて把握することも難しくなっていきました。その結果、関係者全員が納得できるようなシステムが必要とされました。

そこで生まれたのが、各地域から代表者を選出し、代理人として話し合いをしてもらう間接民主制です。国民は、自分たちの利益を代弁してくれる信頼できる人を選び、その人に意思決定を任せます。間接民主制は、まさに典型的な「ハブ型」の近代社会の特徴を備えています。

政治においてハブ型から分散型への移行は、どのように行われるのでしょうか？

現在の間接民主制が生まれたのは、大勢の人が広場に集まって議論すると収拾が付かなくなるからでした。つまり、物理的な制約やオペレーション上の問題さえクリアできるテクノロジーがあれば、今のアプローチを採る必然性はなくなります。

ネットを使えばそれらの課題は十分解決可能です。5年後には世界中のほとんどの人がネットに接続されたデバイスを常時携帯し、情報の送受信をしている状態になります。そうなれば、わざわざ広場に集まらなくても何百万、何千万という人の意見はインターネット上で収集可能ですし、リアルタイムでそれらのデータを処理して分析することもできます。

ただし、データの収集と意思決定は分けて考えなければなりません。データの収集が可能になっても、政治的な意思決定までもがシステムによって行われるには、相当な時間が必要になるでしょう。なぜなら、政治的な議論は正解を見つける手段ではなく、関係者全員が納得するための儀式的な役割も備えているからです。システムによって導き出された結論を多くの人が信頼できるようになるまでには、かなりの時間を必要とするでしょう。

中抜きされる選挙と議会

意思決定についてだけではなく、政治資金の調達方法においても、インターネットは大きな変化を与えます。

これまでの政治活動では、政策を実現するためには、議会を通し、税金から予算をつけてもらう必要がありました。そのためには、時間をかけて政党内で力のあるポジションに就くことが必要でした。

一方、クラウドファンディングを活用すれば、政策を実現したい人とそれに資金を提供したい人さえ存在すれば、それだけで活動が成り立ってしまいます。面倒な調整や決議や予算獲得などのプロセスをすべて「代理人」抜きに実現し、シンプルに民意を反映させられます。

さらに、これを政治活動としてではなくビジネスとして継続させていくことができれば、もはや一般の投資とかわりません。何かに困っている人たちがいて、その問題をビジネスとして解決できる人間が存在していれば、あとはそれに投資したい人が、ネットを通して資金を提供し適切なリターンを得るだけです。

実際はビジネスも政治も、目的はまったく一緒で、そのアプローチが異なるだけです。何かに困っている人たちのニーズを汲み取り、その解決策を提示するというプロセスは共通しています。その資金調達源が投資であればビジネスとなり、税金であれば政治になります。どちらも、問題解決のための行為です。

政治に携わりたい、つまり社会の問題解決をしたいと考える場合、以前であれば政治家になることが最も近道でした。しかし、実際にその理想を実現するまでに、どれほどの時間が必要になるでしょうか？　新米議員として政党に所属し、派閥に入り、法律を通せるようになるまで、少なくとも20年以上の時間が必要になってくるでしょう。

現在20代、30代で影響力のある政治家のほとんどは、「地盤・看板・カバン」が生まれたときから揃っていた2世3世の世襲議員です。また今、政治の世界でリーダーシップを持つさらに上の世代の政治家も、世襲議員が多くを占めています。

このような状況で、もし、政治家の子どもでもない人が、本当に解決したい社会的な課題を見つけたなら、政治家になるのが最良の道だとは限りません。

「社会起業家」という言葉が普及してきたのもこの流れのひとつです。これまでは政治の領域で解決されていた問題を、起業家がビジネスの領域で解決しようとする試みが、最近増えてきています。

分散型の時代においては、選挙や議会すらも中抜きの対象になりえます。政治の世界に入るよりも、機動性も柔軟性も高いビジネスの世界で勝負した方が、結果的に、早く問題を解決できるかもしれません。

投票率が低いことは悪なのか

今にはじまった話ではありませんが、若者の投票率の低さを嘆く声をよく耳にします。ただ、ハブ型から分散型へと社会構造が変化していることから考えれば、この投票率の低下も、違う視点から捉えることができるでしょう。

日本で選挙システムが導入されたのは明治時代の頃。もう、100年以上も前のことです。そして、そのときから、そのシステムはほとんど更新されていません。

明治時代と現代では、社会的な状況がまったく異なります。ネットが情報収集と発信のベースになっている現代の若い人たちにとっては、特定の時間に特定の場所へ紙の投票用紙に名前を書きに行く行為に疑問を感じないほうが難しいのです。

私は、投票率が低下しているのは若者が怠慢になっているからではないと考えています。

環境や条件が変われば、問題解決のための手段も変わります。既存のプロセスを通さなくても従来の政治の目的は達成可能な時代になりつつある時代に「投票率を上げよう！」と叫び、他の選択肢を検討しないのは、ある種の思考停止とさえいえるでしょう。

本当に考えなければいけないのは、どのようなシステムであれば民意をスムーズに汲み取れるか、社会の課題を効率的に解決できるかです。惰性だけで従来のやり方を踏襲し続けることに意味はありません。今考えるべきは投票率を上げる方法ではなく、時代に合致しなくなったシステムに代わる新しい仕組みの方でしょう。

ハブ型の近代から分散型の現代に移行する上で社会の流れを読むために重要なのは、どんな必要性に基づいて生まれたのか、という原理に立ち返り考えることです。そのシステムができたメカニズムが明らかになってはじめて、より効率的な方法を新しいテクノロジーによって実現可能かどうかが見えてきます。

本当にそれが必要なのか、別のもっと良い方法はないのかを常に考え続けてください。目の前にある仕組みそのものに疑問を持てなくなってしまい、既存の枠組みの中だけで答えを探そうとすれば、手段の目的化が進み、本質からずれた議論になってしまいます。投票率を上げるための努力は、まさに手段が目的化した典型例だと思います。

国家にも経営戦略が必要となる

今後は民間でやった方が効率的なことはどんどん民営化し、民間と行政サービスを競わせることでより良いサービスを提供していくことが必要になります。

企業に限らず、これからは国家も競争力を求められる時代です。今後需要が高まっていく領域に投資をし、低くなっていく領域への投資を削減することでリターンを最大化していく点においては、国家運営も企業経営も変わりはありません。

そのためには、テクノロジーで効率化できる領域は最大限効率化し、削減したコストで次の時代への投資を行い、他国との差別化を図っていく必要があります。

アメリカが強いのは、金融やインターネットというトレンドを捉えて自国の強みに変え、グローバリゼーションの流れを移民政策などに積極的に活用することで経済を活性化させたからです。

逆に、中国はそのアメリカの作り出す世界的なスタンダードのよいところだけを取り込み、コントロールの手綱は自国で握り続けました。どちらも、国家としての経営戦略が明確になっています。

3 資本主義

ここからは「資本主義」というシステム自体がいかにテクノロジーによって更新されうるか

を、貨幣の起源にまで遡り考えていきます。

価値の媒介として誕生した貨幣

ここでも資本主義がそもそも、どんな必要性を満たすために生まれてきたのかを考えてみましょう。

貨幣が誕生した理由は「価値」という漠然としたものをうまくやりとりする必要があったためでした（価値をどう定義するかは難しいので、ここでは「他人が必要とする資源」とでもしておきます）。

貨幣には価値の保存・尺度・交換の役割があるといわれています。もともと、貨幣は物々交換の不便さを補う仕組みとして発達しました。

お金のない時代において最も貴重だった食料は、時間がたてばすぐ腐りますし、重くて遠くまで運べません。だから、何かほかの「腐らず、軽いもの」に価値のやりとりを仲介してもらう必要がありました。この価値の媒介物は、時代や社会によって貝殻だったり金属だったり紙だったりと、姿を変えてきました。どんな形のものであれ資源を貨幣に換えておけば、自分が何か必要になったときには、貨幣を通じてすぐに交換できます。

現在、世界最古とされている貨幣は、紀元前1600年頃の貝殻だとされています。貨幣は資本主義が発達するずっと前から、人間のそばに存在してきたのです。

資本主義の誕生で社会の主役に

そんな長い歴史を持つ「貨幣」も、かつては今ほど存在感が大きくなかったようです。人間が最も大事だと思うものは、ときに宗教だったり、ときに身分だったりと、時代によって移りかわってきました。

貨幣が歴史の表舞台に出始めるのは、今から300年前の18世紀頃です。このころから、社会の変化のスピードは急激に上がってきます。市民革命が起き、個人が身分から解放され、同時に、産業革命が起こり農業から工業へと産業の中心が移っていきました。ここにおいて、労働という価値を提供して「資本」という対価を得る労働者と、「資本」を使って工場を所有する資本家に、立場が大きく分かれるようになります。

名誉革命により貴族が没落し身分の影響力が薄れる一方で、工場を建てるための原資である貨幣は非常に重要になっていきました。労働者にとっても、生活手段としての貨幣は次第に存在感を増していきます。このあたりで「身分」から「貨幣」へパワーシフトが起き、貨幣が社会の主役となりはじめました。

資本の「ひとり歩き」

18世紀の産業革命以後、貨幣が社会の中心になるにつれ、人と貨幣の関わり方は激的に変わっていきます。この頃から、価値をどう提供して貨幣を増やすかを考えるよりも、貨幣から貨幣を生み出す方法を考えたほうが効率的であることに、一部の賢い人が気づきはじめます。製品をつくって市場で売って貨幣を増やすよりも、製品という物質的存在を介さず貨幣に貨幣を稼がせる方が、効率がよかったのです。

ここにきて、本来価値を仲介するツールだった貨幣が、価値から分離してひとり歩きを始めます。証券化などのスキームが生み出され、金融商品として販売できるようになると、この流れはさらに加速していきました。

「証券化」とは資本を生む資産を証券という「権利」に変えて売却する方法です。不動産や債券などのように、直接に資本とはいえないが、将来的に資本を生み出す可能性のある資産が対象となります。ちなみに現在は有価証券と区別されていますが、私たちが使っている紙幣（銀行券）も、その始まりは銀行への債券証書を流通させたものですから、証券の一種といえます。

証券化がさらに進んで「証券を証券化する」手法まで開発されると、もう実体経済の消費とは関係ないところで、資本だけがぐるぐると回り続け、増殖し続けるようになります。

なぜ、資本は回り続けることによって増殖するのでしょうか。たとえば、銀行が年1%の利率で貨幣を預かり、それを年5%の利息で企業に貸し出したとしましょう。企業は、使わなかった分の資金を銀行に預けておくことになります。銀行はさらにその預金を年5%の利息で貸し出しを行うことができます。このように、銀行は預金と貸し出しを連鎖的に繰り返すことで、実態としての資本は増えていなくとも、名目上の資本を増やしていくことができます。これは、一般的に「信用創造」と呼ばれています。

本来価値を効率的にやりとりするための手段として生まれたお金は、この段階までくると、それ自体を増やすことが目的になってしまいます。

貨幣はひとつの選択肢にすぎなくなった

情報技術などの新しいテクノロジーが生まれると、人間がつくった概念は変化を余儀なくされます。

ＩＴが誕生する前、文字の記録手段として主流だったのは紙でした。しかし、ＩＴの発達で文字を電子的に記録して自由に発信できるようになり、紙は記録手段のひとつの選択肢にすぎなくなりました。別の見方をすれば、紙はＩＴの誕生でそのプレゼンスを大きく下げたともいえます。

「ひとつの選択肢」にすぎなくなったという点においては、貨幣も同じです。本来、貨幣は価値という実態が存在しないものをやりとりするために便宜的につくられた概念にすぎませんから、電子化は容易です。そして、一旦貨幣の電子化という概念を人が獲得すると、国が発行した通貨であれ、企業が発行する電子マネーであれ、ビットコインのような暗号通貨であれ、消費者はすべてを価値の保存手段として同列に考えるようになります。

そして、価値がデータ化され、その保存手段が多様化すれば、人々は「貨幣」そのものではなく、その根源である「価値」そのものを重視しはじめます。貨幣は価値の媒介手段のひとつにすぎなくなるからです。

ネットが普及したことで、今まで数量化できなかったあらゆる価値がデータとして数量化できるようになりつつあります。

たとえば、ＳＮＳは今まで定量化できなかった「他者からの注目」という価値を数字に換算することを可能にしました。多少極端な例ですが、貯金は０円でも、多くの人に注目されていてTwitterのフォロワーが１００万人以上いる人であれば、事業を始めることは不可能ではありません。SNS上で仲間を募り、クラウドファンディングを通して資金を募り、わからないことがあればフォロワーに尋ねて知恵を借りることができます。
彼は「他者からの注目」という貨幣換算が難しい価値を、いつでも好きなタイミングで人、資本、そして情報という別の価値に転換することができるのです。

別の例を出しましょう。月間の利用者が1000万人以上いるけれども、売上は0円というアプリがあったとします。このアプリを開発する企業は、たとえ売上が0でも数百億円の企業価値がつく可能性があります。利用者数、すなわち「ユーザーの注目」という価値をこのアプリはすでに持っているので、広告収入という形でそれをすぐ貨幣に換えることが可能だからです。ここでは、売上（資本）よりも月間利用者数の方が、この企業の価値を計算する上で重要な指標になっています。

インターネットが誕生する前は、こういった信用や注目度を正確に数値化することが困難でした。しかしネットの普及で様々な価値がデータとして認識されることで、それらのデータ自体が、まるで通貨のような働きをしはじめています。
私たちは、価値を最大化しておけば、好きなタイミングで他の価値と交換ができるという今までにない社会で暮らしているのです。

財務諸表にはすべての価値を記載することができない

手段が多様化したことにより、「資本」を最大化することから、資本の根源である「価値」を最大化することに焦点が移ってきています。この変化は、経済にどんな影響を与えるでしょうか。

これまでの時代、すなわち資本が価値を保存する唯一の選択肢だった時代には、売上やキャッシュフローなど、財務諸表に載る数字がすべてでした。しかし、資本以外にも価値を最大化する手段が複数生まれた時代、この前提が変化しつつあります。

2014年、Facebookは年商たった20億円しかないメッセンジャーアプリ「WhatsApp」を、2兆円で買収し、話題となりました。この買収を「資本」の観点からいくら考えても、その本質は見えてきません。Facebookが買ったのは、WhatsAppの資本的価値ではなく、世界4億人のコミュニケーションを支えるインフラとしての価値だからです。

WhatsAppの財務諸表をどれだけ眺めても2兆円の価値は見えてきません。しかし、彼らが抱える莫大なユーザーは、好きなタイミングで資本に交換できる価値を含んでいます（どのタイミングがいいかという戦略的な議論はさておき)。

WhatsAppはそのデータの価値を現実世界の「資本」に転換しようとしていないだけで、簡単なシステムさえつくれば、あとはいつでもその価値を資本に変えられます。実際、Facebookの20兆円近い時価総額にしても、売上などの資本的価値ではなく、世界12億人のソーシャルグラフという別の「価値」に支えられているのです。

Googleも同じです。Googleの時価総額は約40兆円で、これは日本の全IT企業の時価総額を合計してもまだ足りないほどの大きな数字です。しかし、その2013年度の売上は5兆円・利益は1兆円ですから、それぞれGoogleより大きい数字を持つ会社は日本にもあります。それなのに、なぜ、Googleにだけ40兆円という高い時価総額がつくのでしょうか。

Googleは、検索エンジンやAndroidやYouTubeで得られる情報をすべてデータとして蓄積していて、それをAdwordsの広告システムでいつでも好きなときに売上、つまり資本に転換する手段を持っています。

しかし、現在の会計基準では情報(サーバー上のログ)を資産として計上することはできません。Googleの本当の意味での資産は財務諸表には載せられないのです。

財務諸表という、すべてがデータ化される時代の前につくられた指標だけでは、すでに正確な企業の価値を測れなくなりつつあります。データを扱う企業にとっては、情報＝価値なのです。

Googleにとっては情報という「価値」も、売上利益という「資本」も、単位が違うだけで同じようなものなのかもしれません。実際、彼らの持つ情報量があれば、売上20兆円を出すことは十分可能だと思います。YouTubeやGmailを課金制にし、広告を表示する場所を増やせば、短期的に売上を上げることは難しくありません。

今の状況は、Googleが、情報を資本に転換する量を意図的にコントロールしていると見ることも可能です。資本主義においては資本が企業をコントロールしていましたが、彼らの場合は、企業が資本をコントロールしていることになります。

ITによって資本以外の「価値」がデータとして認識できるようになり、資本では計上できない「価値」を持つ会社が急成長している今の状況は、インターネットが普及する前は考えられませんでした。

この大きな流れに沿って考えれば、Googleが自動運転車の分野に進出した理由もより明確に見えてきます。これまでは他人がどのように車を運転してどこに行ったかは、そもそもデータとして集めることも難しければ、そのデータという価値を資本に換えることもできませんでした。

しかし、室内を飛び出し社会の隅々にまでインターネットが普及したお陰で、こういったデータを収集し蓄積するコストは、一気に下がりました。また、そうして得られたデータは、今であれば広告などの別サービスによって簡単に資本に換えることができます。また、広告モデルでなくとも、たとえば保険会社と提携して最適な保険料を弾き出すなど様々な手段が考えられるでしょう。

不動産会社は不動産を、証券会社は証券という資産を扱う企業体ですが、ＩＴ企業にとっての資産とは情報です。しかし現在の会計では不動車や証券は資産に計上されますが、情報は計上できません。これが、財務諸表上からは理解できないほど高い時価総額が企業につく理由です。

今、私たちの社会は情報技術の普及とともに「貨幣」を中心とした資本主義から貨幣換算が難しい「価値」を中心とした社会に移行しつつあります。ここでは、資本主義の次にやってくる社会を、ひとまず便宜的に「価値主義」とでも呼んでおくことにしましょう。

政治と経済はひとつになる

価値主義は、ビジネスの世界だけでなく社会全体に大きな変化をもたらすかもしれません。たとえば、価値という観点から見ると、政治と経済を区別する意味はもはやありません。

市場経済は人間の欲望を刺激し「より良い生活をしたい」と思う人たちを支援する仕組みといえます。その手段として存在するのが資本や市場です。

一方、民主政治は全体の不満の声を吸収し、全員が納得できる意思決定をするための仕組みといえます。その手段として存在するのが議会や政府です。

経済が、一人ひとりの生活を向上させる役割を担っているのに対し、政治は、全員の生活を向上させる役割を担っています。

この市場経済と民主主義が、社会の両輪となりバランスをとっているのが現代の社会です。市場経済が苦手な領域を民主政治が担い、民主主義が苦手な領域を市場経済に委ねることによって社会は成立してきました。

「価値」という観点から捉え直すと、今政治と経済は急速に近づきつつあります。

グラミン銀行のムハマド・ユヌスが提唱したソーシャルビジネスも、価値の観点から考えるとわかりやすいでしょう。今まで、貧困の撲滅《ぼくめつ》というテーマは社会貢献的な非営利活動と思われてきましたが、ユヌスは、マイクロファイナンスという手段でそれを収益の出る、持続性のあるビジネスに置き換えました。グラミン銀行を通じて、ユヌスは寄付金や政府に一切頼らず、数百万人を貧困から脱出させるという価値を生みました。彼らは、貧困という本来政治の領域が取り組んできた課題をビジネスというフィールドで解決する方法を見つけたのです（その後、ユヌスはノーベル平和賞を受賞しました）。

Google や Facebook は今、インターネットが使えない国の人々に無料で Wi-Fi を提供しようと様々な投資をしています。これは、Google にとってはビジネスを拡大するための施策ですが、結果的に、ITのインフラが整備されていない地域の数十億の人たちにとっては計り知れない価値を生み出します。本来は公共性の高い価値を提供するのは政府の役割でしたが、ここにも企業が侵食しつつあるのです。

価値と利益は等しくなる

かつて売り手と買い手の「情報の非対称性」が大きかった社会では、価値を提供しなくてもこの格差を利用し、資本を積み上げることができました。しかし、今は企業が消費者を騙したり、劣悪な商品を売って利益をかすめ取ったりすることは、どんどん難しくなってきています。劣悪な商品を提供すれば一瞬で口コミはネットを通して拡散し、競争力を失うからです。ネットの集合知のおかげで劇的に賢くなった消費者は、これからの時代、本当に価値のある商品やサービスにしか対価を払いません。価値主義においては、提供する価値と経済的成功は密接に結びつきます。

同様に、楽に儲かるという動機で始められる価値が低いビジネスの多くは、情報がオープンである世界では過剰な競争が起きてしまい、最終的には利益が出づらくなっています。たとえば、アフィリエイトはその手軽さから、多くの人が副業としてはじめましたが、すぐに過当競争になり、ほとんどの人はお小遣い程度の収入しか得られていません。

全体的に、**社会的に価値のある取り組みは利益が出しやすくなっている一方で、短期的な利益のみを追求する事業は過剰競争に巻き込まれ、長期的に収益を出しにくくなっています。**

今や、社会全体の利益（公益）と企業の利益が一致しないと、企業として成長できない時代になってきています。より多くの人に価値を提供しようと考えると、ビジネスは必然的に政治と同じく「公益性」を帯びるようになるのです。

一方、貧困撲滅などの政治的な目的を、グラミン銀行のように民間で、寄付金や税金に頼らず解決しようと思えば、企業と同様「持続可能性」が求められます。NPOは活動資金を寄付などに依存しているため拡大が困難ですが、企業は営業利益を再投資に回すことでその活動を広げることができます。その結果、より早く、広い範囲の社会的課題を解決していくことが可能です。

経済的な活動には「公益性」が求められるようになり、政治的な活動にはビジネスとしての「持続可能性」が求められる。こうなると、経済と政治の境界線はどんどん曖昧になってきます。政治は経済化し、経済は政治化し、その境界線もまた融解しはじめているのです。

価値主義の特徴

資本を積み上げることに特化した従来の資本主義から、価値主義に社会の軸足が動いていく中では、次のふたつのことが起こるでしょう。

1　目的への回帰

民主政治の目的は、民意を汲み取り、利害を調整し人々の不満を解消すること、と表現できます。議会や選挙は、あくまでその手段にすぎません。

しかし、時が経つにつれ、いつの間にか手段である議会や選挙のほうに重点が置かれ、派閥が生まれ、本来の目的が形骸化してしまいます。価値を生み出すための手段にすぎなかった資本が、自己増殖を目的化してしまうプロセスもこれと近いものです。

あるシステムは、社会に浸透してしばらく時間が経つと「どんな必要性を満たすために生まれたのか」という目的の部分がかすんでしまい、そのシステム自体を維持することに目的がすり変わってしまうというのも、繰り返し見られるパターンです。だからこそ私たちは、定期的に原点に立ち返ることが必要になります。

一方、社会全体では、手段が目的化された状態から、徐々に目的への回帰がはじまりつつあります。先ほど、これからの社会では、何か問題を解決したいと考えれば、選挙に出なくても様々な方法で解決可能であることを述べました。その手段としては、クラウドファンディング、あるいはソーシャルビジネスなどがあるでしょう。このように価値主義の世界では、提供する価値そのものの重要性が高まり、見失われがちだった本来の目的に焦点が当たるようになっていくはずです。目的が形骸化したシステム（政治）に対しては、目的をより効率よく満たす手段（ソーシャルビジネスなど）への迂回が一層進んでいくでしょう。

2　選択の自由の広がり

最近少しずつ普及しつつある「評価経済」や「共有経済」は、資本主義経済とは別のルールで運営されています。これがさらに一般的になれば、自分の価値をどんな形で保存しどんなルールで運営するかを自分で選択できるようになってくるでしょう。

現状の資本主義のルールで価値のやりとりを続ける人もいれば、別ルールで運営される経済で生きることを選択する人も出てきます。たとえば、他者からの評価という価値を元手に、それを適宜資本と換えて暮らすような人や、シェアリングエコノミーのような「共有経済」の中でほとんどの消費をすませてしまう人も出てくるでしょう。

重要なのは、どちらが優れているかではなく、どちらが自分にあっているかです。エンジニアになるか、作家になるかという職業の選択に優劣がないのと同じことです。

人間は時代の経過とともに様々なことを選択できるようになってきました。封建社会や、より原始的な社会において、私たちは職業も、場合によっては結婚相手さえも自由に選ぶことができませんでした。暮らす場所も選択できず、生まれた場所と死ぬ場所は、多くの場合一緒でした。それに比べ、今は職業も結婚相手も暮らす土地も、自由に選択できる人の数が増えています。

ただ、まだ経済システムについては、今は資本主義ほぼひとつしか選択肢はありません。しかし、時間が経てばそれもまた選択可能なものに変わっていく可能性は十分にあります。価値主義の世界は、個人の経済システムの選択の幅が、今よりもう一段階広がった社会といえるでしょう。

主義思想の「賞味期限」

経済システムを自由に選択できる未来は今の社会で「資本」の恩恵を受けている一割の人にはあまり到来してほしくないものでしょう。一方、そうではない九割の人にとっては待ち遠しいものだと思います。300年前、身分が重要だった封建社会では、一部の貴族や武士が変化を望まず、多数派の奴隷や農民たちが次のシステムを望んでいたように。

資本主義と民主主義からなる今の社会は、王様や貴族などの特権階級がすべてを決める封建社会に比べると素晴らしい世界だと私は思っています。しかし、それでも長く運営していけば、様々な問題が露呈しはじめます。最近の機能しなくなった地方自治などは、時間の経過とともにシステムが形骸化し、社会の実体にそぐわなくなってしまった典型的な例でしょう。

人間の考える主義思想にはすべて「賞味期限」があります。新しいテクノロジーの登場とともに一時期栄えた主義思想が必ず古くなっていくこと自体もまたひとつのパターンです。そしてその「賞味期限」は、テクノロジーの進化が加速するにしたがってどんどん短くなってきています。

おおまかにいえば、農耕牧畜社会が数万年、封建社会は数千年、そして今の私たちの近代社会は300年以上続いています。もしITという新しいテクノロジーの誕生で次の価値主義というパラダイムに移行しても、それが続く期間は、以前よりもずっと短く、せいぜい30年から50年程度のはずです。

資本と情報の価値が逆転する世界

農耕牧畜社会、封建社会、近代社会と、社会はその軸足を移してきました。この流れから考えたとき、価値主義のさらに先には何があるのでしょうか。

価値主義の初期は、先ほど述べたように様々な社会システムの選択肢が生まれ多様化が進むでしょう。さらに発達すると、世の中の価値はいずれ「情報」に集中していくと考えられます。

数十年後には「情報」の持つ価値が「資本」の持つ価値を完全に超えてしまい、情報そのものが経済を成立させはじめるでしょう。今は情報があっても資本がないと大したことはできませんが、将来は逆に、資本があっても情報がなければ何もできないようになっているはずです。

ただ、一口に「情報」といっても、この文脈における「情報」は、今の社会における「情報」のイメージとは少し違います。例を挙げて説明していきましょう。

ある車のシートにはセンサーがついていて、座っている人の「座り方」のデータを収集できるとします。一見、このデータにはまるで価値がないように思えます。しかし、座り方というのは個人ごとで微妙に違います。それらのデータを分析していくと、車の所有者を座り方で識別することは簡単にできるようになります。これらの情報を活用すれば、車に盗難防止機能という新しい価値を与えて他の自動車メーカーと差別化ができるようになるかもしれません。シート以外にも様々なところに埋めこまれたセンサーから得られたデータを連携させれば、感情や気分に適した音楽を流したり、様々なサービスが展開可能です。このデータは資本だけでは生み出せない付加価値をもたらします。

社会の隅々にまでセンサーが埋め込まれ、今までデータ化できなかったあらゆる情報がデータ化されるようになれば、当然、多くの情報を収集し分析できる存在は、絶大な影響力を持つようになります。

Facebookは、一度タイムラインの情報を操作し、感情伝播の実験をしたことが明るみに出て非難を浴びましたが、これは論文が発表され、偶然発覚したことです。もし、自分がブラウザやアプリを通して見ている情報に誰かの手が加えられていても、普通気づくことはできません。データを持ち、そこからあらゆるパターンを認識することができる企業は、データをコントロールし、ひいては人間そのものをコントロールする力を持つようになるでしょう。

テクノロジーが今の人間の能力をはるかに超える存在になると、ほとんどの判断は人間の手を介さずに可能になってきます。そのとき、人の数万倍の処理能力があるコンピュータが弾きだした「答え」を疑うことは、一人の人間には極めて難しいでしょう。

たとえば投資銀行ではトレーダーと呼ばれる人たちによって株の売買が行われています。しかし、テクノロジーが進化し、システムによって自動で売買が行われるようになり、かつ「人間以上にシステムの方が賢い」という共通認識ができると、そのシステムによる取引を疑う人は少なくなります（人間の脳では検証することも難しいでしょう）。

その状況においては、システムが弾き出す答えを書き換えられる立場にある存在は、実質的には価値そのものをコントロールすることができてしまいます。仮定の話ですが、システムが「人々が何を話題にしているか」によって売買の内容を変えているとして、もしあるSNS企業が特定の情報の露出度を高めることができたとしたら、企業の株価自体もある程度コントロールできてしまうことになります。

結局は、資本が重要な社会でも情報が重要な社会でも、そのシステムの根幹を握る存在の力が強まってしまいます。それをどのようにコントロールしていくかが、今後社会全体の課題になってくるでしょう。

変化のスピードは①消費者②法人③行政・司法

社会全体がハブ型の構造からネットワーク型の構造に変化していくのは、効率性の面からも必然といえますが、その変化のスピードは対象領域によって異なります。

一般消費者向けのサービスの領域は、意思決定者はユーザーひとりなので、急速に変化します。たとえば、無料通話アプリのLINEは、わずか3年のうちに世界中で5億ユーザーを獲得しました。LINEが出る前はドコモやKDDIなどのキャリアが提供する電話やメールが主なコミュニケーション手段でしたが、またたく間に世の中の通信手段はＬＩＮＥに置き換えられました。ユーザーは、触ってみて便利なら使う、というシンプルな原理で動いています。

法人同士の取引の場合はもっと時間がかかります。法人は意思決定者が複数にわたるので、その分決定までに稟議や会議のプロセスが必ず増えます。また動く金額も個人と比べて大きくなるので、その分、変化にも慎重になり、スピードは落ちます。少なく見積もっても、消費者の5倍は遅いはずです。

行政や司法となるとさらに変化のスピードは落ちます。ひとつの意思決定がその地域で生活する人々すべてに影響を与えるので、慎重にならざるをえません。また利害関係者も企業よりもさらに膨大になるので、各所との調整に多大な時間が費やされます。

一般消費者の感覚と行政が行う意思決定がかけ離れたものになる構造的な原因は、ここにあります。

どの領域で活動するかによって変化のスピードはバラバラですから、自分がいる場所の変化の速さを読みながら動くことが重要です。変化のスピードは速い順に、消費者、法人、行政・司法です。

第3章

テクノロジーは人類の敵なのか

テクノロジーは社会の効率を高める一方で、常に倫理的な問題も生み出してきました。最近では人工知能やロボットなど、かつてSFの世界のものであった技術も実現が視野に入り、議論はさらに活発になってきています。この章では、テクノロジーの進化を、その倫理的側面から考えていきたいと思います。

起業家すら置き去りにしはじめたテクノロジーの進歩

ITを主軸に事業を展開するなかで最近感じるのは、2013年あたりから、テクノロジーの進化が、起業家や投資家すらも置き去りにしつつあるということです。IT分野で勝負する起業家や投資家は、インターネットについて最も詳しい人たちのはずですが、彼らですら、技術の進歩の速さについていけなくなってきています。

その一方、進歩を牽引しているのがGoogle、Apple、Amazon、FacebookなどIT界の巨人と呼ばれる企業です。彼らが投資する領域は、その他の起業家や投資家が投資する領域とすでにずれてきています。

Googleは、他の起業家や投資家が手がけるよりかなり早い段階でロボットや人工知能への投資を積極的に行ってきましたし、Facebookも、同様にかなり早期に仮想現実のOculusを2000億円で買収しています。Googleなどの動きを見るに、話題になる2〜3年以上前から、こういった領域への投資を準備していたであろうことは明らかです。最近では他の企業がその流れに追いつくのに、年単位のタイムラグが発生しています。そしてこの間隔は、どんどん広がっているように感じます。

なぜＩＴ業界の巨人だけが未来を見通し、その他の企業、そして投資家までもが遅れてしまっているのか。その理由は、巨人たちが最先端の研究者を自社内に囲い込み、クローズドな状況で開発を行っている点にあります。

すでに学術的に最先端の研究とビジネスは切っても切り離せないほど密接に結びついており、企業は研究段階から新しいテクノロジーに関わっていないと、競争に勝てなくなっています。

最先端を走る企業は、大学の教授や研究者をスカウトし、企業内のラボで好きな研究をさせています。研究者としても、大学内で限られた予算を使い実験をするよりも、莫大な資金力と大学の何倍ものサンプルデータを持つ民間企業のほうが、より良い結果を残せると考えるのは当然でしょう。

事業化を前提に研究テーマが選ばれているため、結果として研究の情報は外部に漏れることもなく、結果として外の人間が知るのは数年後になります。

また、起業家や投資家が技術の進歩に追いつくことが難しくなってきているのにはもうひとつ理由があります。インターネットがデータサイエンスから自動車、金融まで、あらゆる産業に空気のように浸透していった結果、必要とされる知識がより広範囲にわたってきているのです。

テクノロジーの変化のスピードは、今やほとんどの一般の人々の認識の限界を超えつつあります。

イノベーションは不安の対象に

2010～2014年までは、イノベーションが礼賛される時代でした。古い産業で新規参入者がイノベーションを起こすことで、業界構造が変化し、マーケットの新陳代謝が進み、経済全体が活性化していたためです。

イノベーターは勇敢な挑戦者であり、シェアを奪われる既存の大企業は、古臭い、倒されるべき存在とみなされてきました。

ただ、2014年頃から徐々にイノベーションも手放しで喜べるものではなくなってきています。たとえば、配車アプリを提供するUBERはタクシー業界にイノベーションを起こしましたが、既存の業者から続々と避難を受けています。UBERの普及が、タクシー運転手の仕事を奪っていく可能性があるからです。

新しいシステムが既存の産業から反発を受けるというパターンは、今にはじまったものではありません。産業革命時も、職を奪われた労働者が機械を壊す「ラッダイト運動」と呼ばれる暴動が起こりました。

一時期、Amazon 創業者のジェフ・ベゾスが、倉庫で1日24キロも社員を歩かせる、人をまるでロボットのように扱う経営者だと欧州で酷評されていましたが、彼らが本当に経営努力によってロボットによる自動化を進めていくと、倉庫で働く人たちは職を失ってしまいます。IT企業がロボット開発に本腰を入れはじめているなか、この無人化への流れはすでに現実化しつつあります。

テクノロジーによってより効率的な社会を実現することは、これまでは素晴らしいことだとされてきました。しかし、**今後はテクノロジーが、労働など今まで人間にとっての存在理由だったものを奪っていき、止まらないイノベーションにより自分の存在価値が否定されていくような不安を抱く人が増えてくることでしょう。**

すでにテクノロジーが変革する対象は「産業」から「社会」、そして「人間」へと移りつつあります。私たちが今感じている不安は、ある「産業」においてイノベーターに市場をひっくり返されたときに、古参の大手企業の人たちが抱える不安と同質のものです。

インターネットというテクノロジーが与える影響は、すでに社会の表層から核心へと浸透しつつあり、ついにその作り手である人間そのものにまで及びつつあります。今進行しているのは、携帯やコンピュータの再定義ではありません。「人間の再定義」です。

「ロボットが仕事を奪う」に欠けている視点

「ロボットに労働が奪われる」
「人間は人工知能にとって代わられる」
こういった主張は、ややもすると「いっそ技術は進歩させないほうがいいのではないか」という結論に結びつきがちです。しかし、進化の流れはその性質上「不可逆」で、止めることはできません。

人間は便利なものを見つけると手放せなくなる生き物です。ＬＩＮＥを使って即時にメッセージを伝えられる今、手紙を書いてポストに投函するというスタイルに意図的に戻れる人は少ないでしょう。であれば、私たちはこの進化の技術を不可逆のものとして受け入れて、議論を進めていかなければいけません。

そもそも、ロボットによって労働が「奪われる」という表現は本当に適切なのでしょうか。ここでも、労働自体がどんな必要性を満たすために生まれたのか、原理に立ち返って考えてみたいと思います。

「奪われる」という表現にも現れているように、この議論では労働が人間にとって必須のものとして扱われています。仕事がなくなればお金を稼げなくなり、お金がなければ生活ができないという図式が今後も続くことが、議論の前提になっています。

しかし、労働者として働き、賃金を受け取り生活するというスタイルは、人類にとって普遍的なものなのでしょうか。

図4は人類の平均労働時間を表したグラフです。実は、産業革命以降、労働時間は右肩下がりに減っています。思い出してみてください。たった30年前、まだ日本は土曜日も休日ではあ

図4　1週間あたりの労働時間

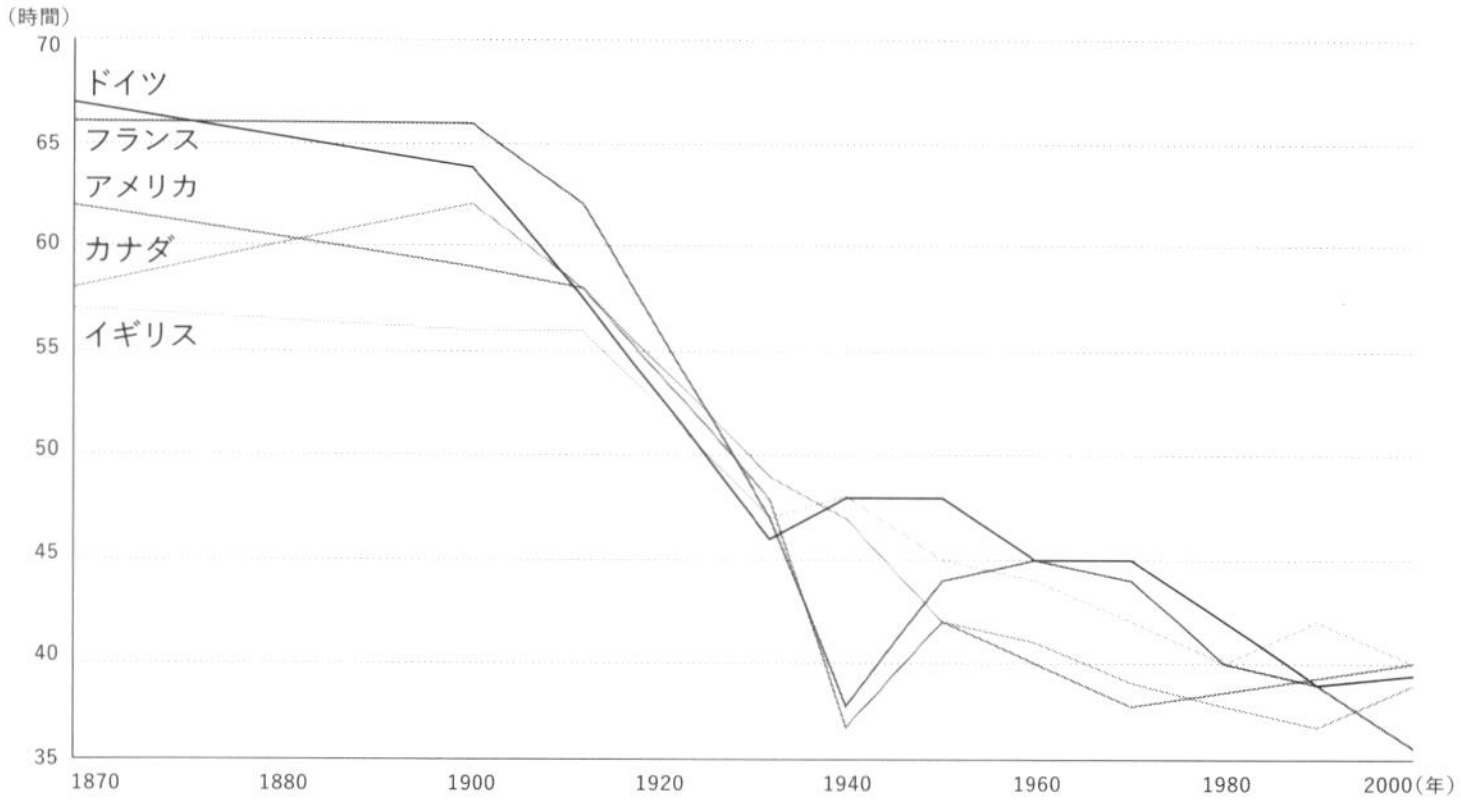

出典:Huberman and Minns (2007) (The times they are not changin': Days and hours of work in Old and New Worlds, 1870-2000. Explorations in Economic History, 44(4):538-567.).

りませんでした。

私たちは、テクノロジーと経済の進歩によって労働から解放されていっているともいえるのです。しかも、全体としての労働時間が減る一方、生活は確実に豊かになっています。

もう少し範囲を広げ数千年のスパンで考えれば、人間が人生のほとんどの時間を苦しい労働に費やしている最近の状態のほうが、異常な状態といえるでしょう。

もともと、火や電気がなかった時代には、日の短い冬に1日中働くというのは物理的に不可能でした。労働の対価として受け取った賃金で生活するという図式が成立していたのは、産業革命以後の資本主義が普及したこの300年間のみです。

かつて身分や階級によって社会が分けられ

ていた時代、貴族や武士といった人たちは労働とは無縁でした。その後封建社会が崩れ、人々は身分や階級から解放されます。さらに時を経て、身分ではなく経済的成功が上流階層に入る条件になる資本主義社会の競争原理によって、人は我こそはと長時間働くようになっていきました。

人間にとって長時間の労働が普通になったのは人類の歴史から考えればつい最近です。また、労働の減少は必ずしも貧しさとは直結するものではありません。土曜日も働いていたときと今であれば、今の方が生活は確実に豊かになっています。

とはいえ、労働をせずにどうやって生活していくのか、というご指摘もあるでしょう。ロボットによる自動化が進むにつれ、今後単純労働は確実に減少します。それに応じて、知的労働を続ける人との所得格差も、必然的に拡大するでしょう。であれば、労働することにこだわらず、労働所得への依存度を下げていく方向性も考えられるのでは、というのがそのご指摘への答えとなります。

多くの人は、労働者であり消費者です。オペレーションの機械化などによって単純労働の付加価値が下がると、賃金も下がりますから、消費に回せるお金も当然減ります。一方で、業務が効率化されるということはより安くよいものを提供できることを意味しますので、モノの価格自体も下がっていきます。労働者として受け取る賃金が減っても消費者として支払う金額も減れば、プラスマイナスはゼロになります。

これまでも同じ性能のモノの値段は、下がり続けてきています。今、多くの人は、数万円でスマホを手にすることができていますが、同じ性能の機械は、かつては数千万円もしました。また、スマホが多くの人の手に渡ったことで、カメラ産業やゲーム機メーカーなど、既存の産業は大きな打撃を受けましたが、消費者は、電話、手帳、カメラ、ゲームなど様々な機能をスマホひとつで使えるようになり、必要になるお金は大幅に削減されました。

テクノロジーによる効率化は労働者にとっての収入を減らす可能性があるのと同時に、消費者に対してのコスト削減というメリットももたらします。「ロボットに仕事が奪われる」と声高に主張する人々には、このことは見逃されがちかもしれません。

あらゆるものは無料に近づく

理論上はネット上に限らず、あらゆるサービスは価格競争の末、無料に近づいていく運命にあります。無料にすること自体をマーケティングの一部としたり、他のビジネスと複合させトータルで利益を出したりと、その方法は様々です。

たとえば、Googleのように様々なサービスを無料で提供するモデルは、無料でユーザーを集めて、AdWordsという広告でマネタイズしています。AndroidのOSも、後から広告収入によって回収可能だからこそ、無料で配布できるのです。

また、IT以外の複製コストがかかる分野であっても、それ以上のリターンが見込まれるなら、理論上は無料になりえます。Googleなどの一部企業は、社員食堂が無料です。これは、こうした福利厚生によって優秀な人を採用するコストが、求人広告など採用活動に投じるコストよりも安く、費用対効果がよいからです。

最終的には、衣食住といった生活に必要なものすらも、コスト以上のリターンを得られると企業が判断すれば、無料に近づけていくことが可能です。

たとえば、Spiberという日本企業は強度の高い蜘蛛の糸の繊維を人工的に生産する技術を開発しています。こうした技術を活用して耐久性の高い服を低コストで生産できるようになれば衣服を捨てる必要がなくなり、将来的には衣服さえも無料になるかもしれません。

このようにあらゆるもののコストが下がっていく中で、今後は労働すること自体の需要が減っていきます。今のペースで行くと30年後には週休4日、つまり3日働いて4日休むような未来が到来してもおかしくはないでしょう。
現在の労働環境を無条件に「当たり前」と受け入れる議論に、意味はありません。それらは、次の「当たり前」が作り出されるまでの過渡期の話なのです。

企業によるベーシック・インカム

ロボットやＡＩによって社会が効率化されていけば、いずれは企業によるベーシック・インカムが可能になるかもしれません。ベーシック・インカムとは、国民が最低限の生活を送れるよう、政府が所得を保障する仕組みです。

市場原理に任せて政府の介入を少なくすると、格差はどんどん広がります。そのリスクをヘッジするため全員に最低限の生活を保障し、生活水準をどれだけ上げられるかは自由競争に委ねるというのがベーシック・インカムのコンセプトです。しかし、これから貨幣の重要性が下がっていく中で、最低限の生活を保障する手段は、貨幣での所得保証のみに限りません。ここでは、ベーシック・インカムを「衣住食など最低限生活に必要なものを保障するすべてのシステム」と、広く定義して考えていきたいと思います。

ベーシック・インカムの実現が難しい理由は単純で、政府の税金によって所得を保障しようとすると、それだけ全員の税負担が増えるからです。だとすれば、この最低限の生活を保障する役割自体も企業が担うことはできないでしょうか？

ロボットによる自動化が進み製品やサービスが安くなると、生活コストも減少し、資本の必要性そのものが減少します。同時に、企業は効率化や自動化により生まれた収益を福利厚生やサービスに還元し、社員に提供していくことが可能になります。

わざわざ企業が社員に利益を分配する義務などないのでは、と感じる方もいるかもしれません。しかし、企業にとって、機械に代替されずに、システムを作る側に回れる優秀な人材を引き寄せられるかどうかは今後、非常に重要になってきます。彼らを惹きつけるためであれば、あらゆる努力を尽くしてもやりすぎということはありません。

すでに、Google や Facebook はオフィス全体をキャンパスと呼び、まるで大学寮のように、家に帰らなくてもよいような環境を整備しています。食事はもちろん、マッサージ、ジムまで、あらゆるものがオフィス内に揃っています。

このように経済の仕組みの中で「富の再分配」を完結させてしまえば、税金を徴収したり社会保障を提供する主体としての政府は必要ありません。民間単独でも、部分的に社会にとって不可欠なインフラを提供することは十分可能です。

また、さらに先の話ですが、最終的には社員だけでなく、顧客に対しても生活インフラの提供は可能です。

たとえば、インターネット企業が、自社のサービスを使ってもらう代わりに、インターネットへの接続を無料で提供することは十分ありえます。実際にFacebookはアフリカのザンビア共和国に対して、スマホから自社のサービスを使う場合にはユーザーではなく自社が通信料金を負担するという仕組みを試みています。Facebook側にとっては、自社サービスの利用者が増えるのであれば、長期的には収益がコストを上回るという算段があるからです。

今はインターネットビジネスが中心ですが、こういった取り組みは、理論上では、他の様々な分野で応用可能です。たとえば、食事や住居を無料で提供し、それをフックに他のポイントで収益を上げるということも、ビジネスモデル次第では可能になります。Googleのサービスしか使ってはいけない、そしてあらゆるデータはGoogleに渡さなければいけないという条件で、Googleがユーザーに住居や食事を無料で提供することも将来的には十分考えられます。それはまさに企業によるベーシック・インカムに他なりません。

このように政府を通さない形でベーシック・インカムを実現するためには、次の5つが欠かせません。

①資本主義の持つ欲望のエネルギー
②行政の持つ公益性
③市場競争による形骸化抑止
④営業利益による持続可能性
⑤ＩＴの持つコストメリットとスケーラビリティ

まず①の「資本主義の持つ欲望のエネルギー」についてです。人間は、資本主義の不備を是正するために共産主義という新しいシステムを一部で導入しましたが、結局うまくいきませんでした。現状をよくしたいというモチベーションが、共産主義では生まれなかったためです。企業が社会にインフラを提供するには、そもそも企業が拡大したいという欲望を持つ必要があります。拡大の手段として低コストで良質なサービスが存在するのであって、そもそも資本主義のように欲望を肯定するシステムでないと、企業にはインフラを提供するインセンティブが生じません。

一方で、②の「行政の持つ公益性」により、資本主義のエネルギー源である欲望が暴走しないよう、ブレーキを効かせる必要があります。資本主義の欲望のみで動いてしまうと、公害が起こったり、リーマンショックのようなシステム自体の自己崩壊を起こしたりと、全体の利益を損なう現象が起こる可能性があります。結局、社会全体への貢献という視点がないと、その企業がよって立つ社会に継続性が持たせられません。Googleは、社会へ貢献することを最優先にビジネスをしているわけではありませんが、提供するサービスは、結果的にユーザーのため、ひいては社会のためになっています。

次の③「市場競争による形骸化の抑止」とは、欲望のエネルギーを正しく社会への貢献に結すびつけるためのものです。公共の役所のサービスなどをみているとよくわかりますが、競争にさらされず、他者に自分の仕事を奪われる危機感がない状態ではサービスの質は落ちてしまいがちです。改善へのモチベーションもありません。適切な競争が担保されない独占的な環境下では、社会に良質なインフラを提供することはできません。

④の「営業利益による持続可能性」というのは、寄付金を収益源に運営しているボランティア団体をイメージしていただければわかりやすいでしょう。きちんと市場から利益をあげていないと、寄付金が途絶えれば活動そのものも止まってしまいます。社会的に良質なサービスを提供するという理想があっても、営業利益を確保し再投資することで活動を続ける継続性がないと、結局は解散せざるをえません。

最後に⑤の「ＩＴの持つコストメリットとスケーラビリティ」ですが、自社のサービスに公益性を持たせようとすると、その規模の大きさから莫大な量の情報処理を迫られることになります。それを可能にするのは、コストの低さとスケーラビリティという特性を併せ持つインターネットをおいて他にないでしょう。これを仮にインターネットなしで実現しようとすると倉庫のように膨大な土地と、役所のように膨大な人数が必要になります。

すべての価格が無料に近づき、企業が自社の拡大のためにインフラを提供する傾向が進行していくと、産業革命以後に確立された、「労働をし、資本を手に入れ、生活する」という図式が崩れてくることが予想されます。ベーシック・インカムによって最低限の生活が保障されるようになると、生活をするための労働はもはや必要ありません。

時代とともに、常に「何が当たり前か」は移り変わっていきます。
何世代も後に生まれる人たちが「何世代も前の人は、なぜ人生のほとんどをやりたくもない労働に捧げていたんだろう」と疑問に思う日も、いつかくるのかもしれません。

生活コスト削減ツールとしてのシェアリングエコノミー

仮に仕事がロボットに代替されても、資本を稼ぐ必要性も同時に減るのであれば、プラスマイナスはゼロになります。むしろ、これまで労働にあてていた時間を他のことに使えるという意味ではプラスですらあるでしょう。その鍵は、「ハイパーコネクティビティ（Hyper-connectivity）」にあると、私は考えています。

ハイパーコネクティビティとは人と人、人とモノ、そしてモノとモノがネットを通して完全につながった状態を指します。IoTという言葉が普及し、インターネットが社会の隅々にまで空気のように浸透しつつある今、社会はこのハイパーコネクティビティに近づきつつあります。

前述のように、現代社会は「情報の非対称」を前提につくられています。情報が偏って存在し、各個人がリアルタイムで情報を共有できないという前提で、「ハブ」の中心に代理人をたて、全体を機能させてきました。

しかし、あらゆるものがインターネットにつながれば、オンライン上で人と情報とモノが「直接」かつ「常に」つながっている状態が実現します。そのとき、中央にハブが存在する必然性はなくなり、分散したネットワーク上ですべてがやりとりされるようになっていきます。

シェアリングエコノミーは、各個人の余ったリソースをネットワーク全体で共有しあうシステムです。あるものを必要としている人とそれを提供できる人がハブを通さず直接つながることができるので、社会全体での効率が大幅に上がり、コストが削減されます。シェアリングエコノミーは、人類の労働減少問題や格差問題を和らげる可能性を秘めています。

Airbnb、Zipcarなどはシェアリングエコノミーを活用した成功例です。

Airbnbは個人の住居の空きスペースを有効活用したい人と、安価に旅先の宿を確保したい人をつなげる、いわば個人間での「空間共有サービス」です。2008年に設立されたこの企業は、すでに企業価値が1兆円に近づいており、いまや世界で1000万人以上が利用する巨大サービスになりました。

カーシェアリングで有名なZipcarは、車を所有せず、使いたい時だけメンバーで使い回すサービスです。車は、購入代金だけでなく、ガソリン代や維持費などのランニングコストもバカになりません。Zipcarはそれを多数の人に分散し、より低コストでの車の利用を可能にしています。車も、一家に一台所有する「モノ」から、使いたいときだけ利用する「サービス」へと移りかわりつつあります。Zipcarも、２０１１年にナスダックに上場しました。

新興企業でいえば、本書執筆時ではNextdoorにも注目が集まっています。Nextdoorはネット時代のご近所付き合いを再現するソーシャルネットワークサービスです。近隣の人たちと、いらなくなった家具からイベント情報まで、様々なモノや情報を共有しあうことができます。Nextdoorは２０１5年3月に資金調達をしましたが、そのときの企業の評価額は10億ドルを超えています。２０１０年の創業でありながら、いまや、全米で4万を超える地域で普及しています。

昔から存在していたご近所間での再利用、共同利用は、インターネットの普及により、その規模と効率を大きく上げました。

ここまで見てきたように、**将来的にテクノロジーで単純労働の価値が下がり多くの雇用が失われたとしても、経済の領域で解決できる可能性は十分あります。**この雇用喪失をもし政府による保障など、政治の領域で解決しようとすると、複雑な意思決定の手続きをとる必要がでてくるため、そのスピードは断然遅くなります。経済の分野で発生した問題は、スピードの速い経済の領域内で解決を目指した方が、格差縮小までのタイムラグは短くなり、損失を被る人は少なくなるでしょう。

人工知能は人間を再定義する

ロボットと同様に最近活発に議論されているテーマが、「シンギュラリティ(技術的特異点)」です。シンギュラリティとは人工知能が人類の知性を超えるポイントを指し、レイ・カーツワイルという学者はこれが２０４５年にやってくると主張しました。２０１４年には『トライセンデンス』など人工知能や近未来をテーマにした映画も上映され、その認知は一気に広まってきています。

人によってはさらに進んで、「人工知能は人間を滅ぼす」「人間は終わりだ」という話をする人まで現れてきています。PayPal、SpaceX、テスラの創業者であるイーロン・マスクもその一人で、「人工知能とは悪魔の召喚呪文のようなものだ」と発言し、物議を醸しました（ちなみにイーロン・マスクは人工知能のベンチャー企業「Vicarious」に投資をしています）。

本当に、人工知能は人間にとって代わるのでしょうか？

カーツワイルがシンギュラリティ到達の根拠として指摘するように、テクノロジーが今後指数関数的に進歩していくこと自体は間違いないでしょう。ある技術の発達は次々に新しい技術を誘発する性質があるからです。コンピュータの発明はインターネットの誕生を誘発し、インターネットの誕生はスマートフォンやスマートウォッチの誕生を誘発しました。技術の発達の連鎖によって、進化の速度は上昇していき、その間隔はどんどん短くなります。

数十年後には、コンピュータはおそらく驚異的な知性を身につけているでしょう。

ただ「人間は人工知能にとって代わられる」という議論には、たびたび欠落しがちなある問いがあります。それは、「そもそも人間とは何なのか」です。

私たちは、人間のことを思っているよりも知りません。脳という人間を人間たらしめる機能でさえも、まるでその構造を再現できていません。私たちは、ブラックボックスを残したこの生命体を、ざっくりと「人間」と呼んでいるにすぎないのです。

テクノロジーの性質を考えたとき、人工知能と人間を対立軸で考えることは近視眼的であるといわざるをえません。

なぜなら、今後テクノロジーの進化によって、「人間の機械化」と「機械の人間化」が同時に進んでいき、人間という存在そのものもテクノロジーによって変化していくからです。

たとえば、コンピュータが人間の知性を完全に再現できるところまでテクノロジーが発達したとして、それを「人間」と呼ぶのかどうか。機械が人間化したとき、その境界線はどこにあるのか。

逆に、人間の義手や義足、臓器なども含めて人間の機械化も進んでいきます。「人間の機械化」といってもサイボーグのような仰々しい話ではありません。車椅子の人や寝たきりの老人の移動をサポートする歩行補助システムや、視力を失った人にも映像を見せるようなシステムも「機械化」のひとつです。

このまま「人間の機械化」と「機械の人間化」が進んでいけば、いずれどこかで交わるときがやってきます。そのときにどこまで「人間」と呼び、どこまでを「機械」と呼ぶのかは、とても難しい問題です。

第1章で述べたように、テクノロジーは人間の機能を拡張し、かつそれらは時間が経つほど身体から遠くで力を発揮するようになります。

そして、人間の機能を拡張するテクノロジーが最終的に行き着く先は、「どこにでも自律的に考えて行動する自分の分身」です。

今のPCやスマホは、こちらから指示を与えればそれに応えてくれますが、自ら進んで所有者の要望をかなえてはくれません。しかし、さらに技術が進歩すれば、自分のことを誰よりも知り、自分の代わりに考えてくれ、指示もせずに自分の要望をかなえてくれるような「分身」はいつか実現します。

生物は基本的には怠け者で、より快適でより楽な道を選びます。それを少しずつ可能にしてきたのが、テクノロジーの進化の歴史でした。そのテクノロジーの進化の流れの終着点は、なんでもしてくれる分身になるでしょう。

ここにおいて、人間か機械という境界線を設ける意味は消えてしまいます。知性まで再現可能になったならば、人間を人間たらしめる独自性が失われるのですから。

テクノロジーとは、単独で存在するものではなく、最終的には人間そのものと融合することが運命づけられたものです。「人工知能か人間か」という単純な対立軸で考えるべきではないでしょう。

コンピュータの進化は人間そのものの再定義を進めていきます。現在の知能を超える知性を人工知能が獲得したとすれば、それもまた人間の別のあり方かもしれません。

もし、知性のメカニズムが今後完全に解明されたとすれば、機械が知性を獲得するだけでなく、逆に人間の知性も大きく進歩する可能性があります。

人間の脳の機能には限界があります。機械のように何億人という人の顔写真を記憶しておくことも、10桁以上の掛け算を一瞬で解くこともできません。しかし、脳や知性がどのように動いているかを完全に解明できれば、薬や手術によって人間の脳の処理能力を機械に近づけることも、倫理的問題は別として、理論的な可能性としては存在します。ある脳の特定の部位を強化することで、複雑な計算式を一瞬で解いたり、10人の話を同時に理解したりする人間が将来的に存在する可能性は否定できません。

現在の私たちが立っている地点から考えれば、人工知能やロボットは人類にとっての脅威と感じられるかもしれません。しかし、進化の歴史を見ていけば、**テクノロジーによって、私たち人間自身もまた次の進化のプロセスに向かって動かされていると考えられるのです。**

ＩＴは人間にとっての「親指」である

猿を人に進化させたきっかけは親指の存在だったといいます。親指があったからこそ人間は複雑な道具を使いこなすようになり、狩りでの生存確率が高まり、急激に頭数を増やすことに成功しました。

一方、猫やうさぎなど四足歩行の動物はものを掴むことはできません。試してみればわかりますが、親指の動きを一切封じた状態でものを掴むのは至難の業です。何かを掴んだり握ったりする際には、構造的に両方から挟みこむための指が必要になります。一部の森の木の上で暮らす猿は、親指を発達させることで木の上によじのぼり、外敵から攻撃されることなく果実を食べて暮らしていました。この親指がさらに発達した存在が人間だといわれています。

振り返れば、ここ数百年ほどの「蒸気革命」「電気革命」は物理的な身体の拡張、つまり動力の拡張がメインでした。しかしＩＴが拡張するのは、人間と他の動物を明確に分けている「脳」です。ＩＴはこの知性を無限に拡張したりつなげたりする技術ですので、「人間」の定義そのものを変える可能性を秘めています。その意味でテクノロジーの到着点は、「人間の再定義」にあるのではと、ときおり考えることがあります。

猿が「親指」によって人間に進化したように、人間は今、ＩＴという「親指」により次の段階に進化しつつあるのかもしれません。

すでに、私たちは変わりはじめています。検索やソーシャルメディアを使いこなすことで、記憶力の重要性は相対的に落ちてきていますし、その一方でバラバラな情報を収集し、つなぎ合わせる力は昔の人よりも確実に発達しているはずです。

テクノロジーやビジネスについて研究するニコラス・G・カーも『ネット・バカ』という著書の中で、インターネットの発達によっていかに私たちの脳の機能が変わっているかを論じています。

マクルーハンが予言したとおり、われわれは知性の歴史、文化の歴史における重要な接合点に、まったく異なるふたつの思考モード間の、移行の瞬間に到達したように思われる。ネットの豊かさと引き換えにわれわれが手放したもの——よほどのひねくれ者でない限り、この豊かさを給費したりしないだろう——は、カーブのいう「かつての直線的思考プロセス」である。冷静で、集中しており、気をそらされたりしない直線的精神は、脇へ押しやられてしまった。代わりに中心へ躍り出たのは、断片化された短い情報を、順にではなくしばしば重なり合うようなかたちで、突発的爆発のようにして受け止め、分配しようとする新たな種類の精神である——速ければ速いほどよいのだ（本文より）。

これから100年間は、人間と機械という対立軸が意識的に語られ続けるでしょう。ただ、少し視野を広げ数百年のスパンで考えると、人間か機械かの区別すら明確につかなくなるかもしれません。

脳に重い障害を負ってしまった人がテクノロジーの力を借りて思考力を取り戻した場合には、それは果たして人間なのか、機械なのか。

義手や義足、場合によって臓器まで機械の場合はどこまでを人間と呼ぶのか。脳が１００％生身なら人間なのか。

その「定義」に、私たちはこの１００年ほどの間に決着をつけなければなりません。

ただ、間違いなくいえるのは、私たちはテクノロジーと融合することで、かつては想像できなかったような力を授かることになるということです。テクノロジーにより、世界中の人が超人的な知性や記憶力や計算能力を無料で手に入れ、世界中の景色をリアルタイムで見渡すことができるようになります。３００年のスパンで考えれば、誰もが運命づけられていた「死」という概念すら、克服できるでしょう。そのとき、人間にとって、「時間」すらも限りあるものではなくなります。

しかし、もし仮にそのようなことが技術的に可能になるとしたら、これらの生物は私たちのよく知る「人間」とは別の生物といえるのではないでしょうか。そのとき私たちは「人間とは何か」という、難しい問いへの回答を迫られることになると、私は考えています。

パーソナライズの誤謬《ごびゅう》

今後、テクノロジーが発達すればするほど、ユーザー一人ひとりの特徴に合わせた（パーソナライズされた）サービスが提供されることになります。

パーソナライズは利便性をもたらす一方、行きすぎれば新しいものとの出会いをなくしてしまう可能性があります。過去の行動から推測される個人の好みにとことん合わせていくと、本来ならあったはずの偶然の出会いが排除され、選択肢を狭めてしまうという懸念は、テクノロジーが進化しパーソナライズの精度があがるとともに大きくなってきています。

私がかつて自社でスマートフォン広告の効果を最大化するために行ったある「実験」では、この点について、興味深い結果が得られました。

ネット広告においては、クリック率や成約率を検証しつつ最も良い配信先を選定すること、つまり適正にパーソナライズを行うことは非常に重要です。興味のありそうなユーザーにだけ広告を配信し、無駄打ちは極力避けなければなりません。

私は、機械と人間どちらがそのパーソナライズ能力が優れているのか、試してみることにしました。片方は、マーケティング担当者が手動で広告の配信先を選定します。もう一方は、人間を一切介さず完全にシステムに配信先を選定させます。

マーケティング担当者の武器は、その経験です。化粧品であればF1層で、こんなサービスを使っている人たちで……などと、どんなターゲットに広告を見せれば良いか、今までの経験からおおまかに予測ができます。一方でシステムはそういった知見は持っていないので、初期は様々なターゲットにランダムに広告を配信し、その結果の成否を学習し、徐々に効果の良い配信先を見つけていきます。

最初の数週間、高い効果を上げたのは、経験が武器のマーケティング担当者でした。しかし、2カ月以上経つと、システムが自動で配信したほうが圧倒的に費用対効果が高くなってしまいました。

システムは、初期こそ知見もない中で不適切なユーザーに広告をどんどん配信していたものの、何百万人とトライアンドエラーを繰り返してゼロからパターンを学習し、ついには人間より圧倒的に高いパフォーマンスを挙げるようになりました。

配信される規模が大きくなるほど精度が下がる人間に比べ、システムは、扱うデータが膨大であればあるほどパーソナライズの精度が上がっていきます。

私は、実験が終わった後に、システムがどんなターゲティングをしていたのかを振り返ってみることにしました。すると、驚いたことに、私はなぜそのターゲティングが有効だったのか、まったく理解できませんでした。なぜこの属性の人たちにこの広告を見せると効果的なのかという構造が、直感的に理解できなかったのです。**システムは膨大なデータを学習していくことで、私たちには因果関係がわからないようなパターンさえ認識できてしまっていた**のでした。

そして、この話にはさらに後日談があります。圧倒的に見えたシステムの優位も、結局、長くは続かなかったのです。

システムは、過去の行動履歴から、最も成約の確率が高いと想定されるターゲット層のみに絞り、広告を配信していきます。実は、これを繰り返すと、配信するターゲットの数はどんどん減っていってしまいます。

システムは行動の結果を分析することは得意でも、行動には表れていない潜在的な顧客層の需要を喚起したりするといったことは苦手です。あえて確率の低そうな顧客にも広告を見せてみるといったことはできません。しかし、一見効果がなさそうなターゲットでも、配信してみれば成約にたどりつくかもしれませんし、そういった試みこそが、新規顧客獲得につながります。しかし、システムはそのような不確実性を極力排除し、短期的な合理化や最適化を進めてしまいます。

短期的な合理化が、ターゲットと広告の新しい出会いの可能性をなくし、長期の機会損失につながっていたのです。

これは広告配信に限った議論ではありません。個人のこれまでの行動を学習して、その人に最適なサービスを提供していくすべてのサービスに当てはまります。

こちらの過去の行動を学習し、自分に適した情報を提供してくれるサービスは、とても楽だし、便利です。しかし、パーソナライズの技術は「思ってもみなかった発見」は提供してくれません。過去の行動履歴からパーソナライズをしていくことは、本当の意味での「最適化」をむしろ遠ざけてしまう危険性があるのです。

この問題について、以前イスラエルでGoogleのマネジャーがおもしろい話を聞かせてくれました。Googleには有名な「20％ルール」が存在します。就業時間の20％は、会社から指示された業務以外の自分の好きなプロジェクトなりアイデアに時間を費やしてよいというルールです。外部からは、このルールはGoogleが社員に与えた太っ腹な福利厚生のように捉えられがちです。たしかに、創造性に溢れた社員を引きつけるための戦略としてはとても優れているように思えます。

しかし、私がその点について確認したところ、そのマネジャーは意外な答えを返してくれました。

この仕組みは「リスクヘッジ」のためのものなのだ、と。


Googleを率いるような優れた経営者も、いつも正しい決断をし続けられるとは限りません。企業が大きくなればなるほど、創業者たちでさえすべての市場を正しく把握することは難しくなってきます。ネットの市場は変化が速いので、トップが意思決定をひとつでも間違えば、途端に時代に乗り遅れるリスクがあります。

「だから、数万人いる社員の業務時間の20％をそのリスクヘッジにあてているんだ」と、彼は話してくれました。もし仮に創業者の意思決定が間違っていたとしても、数万人の社員の20％の時間を費やしたプロジェクトの中に正しい選択があれば、企業は存続できます。企業の80％のリソースを経営陣の意思決定どおりの仕事に費やし、残りの20％のリソースを社員の意思決定に任せる。これにより、企業全体がおかしな方向にならないようにバランスをとっているのです。

この仕組みは、Googleの経営陣ですらも常に正しい意思決定をすることは不可能だ、という前提に立ってつくられています。**どれだけ多くの経験を積んでも、この世界の「不確実性」からは逃れることができないのならば、いっそのことそのリスクも理解した上で組織をつくるという理詰めの選択の結果が、あの「20％ルール」なのです。**この話には衝撃を受けました。

不確実性とリスクの本質を分析した『ブラック・スワン』の著書ナシーム・ニコラス・タレブは、投資について、資金の85〜90％を確実性の高いものに投資し、残りの10〜15％はあえて投機的な、不確実性の高いものに投資してバランスを取れと語っています。このGoogleの20％ルールも、「人間に不確実性は制御できない」という同じ価値観のもとに設計されています。

この考え方において最もリスクのある選択とは、一見すると合理的に思える選択肢にすべてを委ね、一切のリスクと不確実性を排除しようとすることです。リスクや不確実性を完全に排除する考えそのものが最大のリスクを生み出します。一方で、本当に合理的な判断とは、自分が完全に合理的な選択ができるという考えを諦めて、不確実性を受け入れつつ、意思決定を行うことです。

将来的にはこういった不確実性までもがアルゴリズムに組み込まれたパーソナライズが誕生し、この問題は解消されるかもしれません。ただ、**現時点ではシステムが過去の情報から導き出す「合理的」な答えが、長期的にみれば必ずしも合理的ではない**ということは、知っておく必要があります。

人間にとって最大の脅威は人間である

倫理的問題について考えるとき、私は「テクノロジーそのものは善くも悪くもなく中立である」という立場をとります。テクノロジーが脅威になりえるのは、人間が意図的に悪用したときです。「人間にとっての最大の脅威は人間である」という事実は、いつの時代も変わりません。しかし、その脅威の種類と質は、今後テクノロジーの進化により大きく変化していきます。

1 サイバーセキュリティ

あらゆるデバイスがインターネットにつながると、最も脅威になるのがハッキングです。第2章でも述べたとおり、現代社会では情報の持つ価値がどんどん上昇しています。これは、同時に情報が流出したときのリスクも上昇することを意味します。

近年、アノニマスに代表される匿名のハッカー集団によって、政府や企業のサーバーがDDoS攻撃を受けたり、システムへの不正侵入などのクラッキングを受けたりする事例が増えています。もし盗まれた情報が流出すれば、流出元の信用は一気に失墜するでしょう。

彼らがこれまでのアンダーグラウンドの犯罪組織と異なる点は、利益を得ることではなく、政治的な思想を理由に行動している点です。攻撃の対象はあくまで、自分たちの思想に反する存在であり、彼らの思想に反した組織は、ネット上で攻撃されてサーバーをダウンさせられるか、クラッキングにより活動停止に追い込まれます。そうなれば当然、発言には慎重にならざるをえません。また、政治的思想を理由に行動しているので、金銭による解決もできません。ハッカー集団は、ハッキングという脅威を活用して世界の抑止力になろうと考えているのでしょう。ちょうど国家が警察権や軍事力によって犯罪の抑止力になっているように。

インターネットがあまり普及していなかった世界では、ハッキングの脅威もそれほど大きくはありませんでした。しかし、ここまでインターネットが人々の生活インフラになってしまった今、ネット上のサイバー攻撃は軍事力に並ぶ大きな「暴力」となっています。そして、その影響力は今後インターネットがより広く普及するのと比例して高まっていくでしょう。

現在のインターネットの利用者は27億人といわれており、まだ世界中の50億人がネットに接続される余地があります。今後、インターネットは家、ビル、自動車など社会の隅々にまで接続されていきます。将来の社会において、それらの情報が不正に乗っ取られた場合、その脅威は計り知れません。

たとえば、自動車や飛行機が自動で操縦されるようになると、そのメインシステムを乗っ取るだけでテロ活動が簡単にできてしまいます。これまでのように、武装集団が物理的に飛行機や自動車を乗っ取る必要はありません。世界中どこにいても、コンピュータひとつでテロ活動が可能になります。

近年のウィキリークスやスノーデンの内部情報のリークなどをみても、情報セキュリティはすでに国家の安全保障に関わる重要事項としてその存在感をより高めつつあります。各国は兵器ではなくコンピュータを使って、日々まさに「情報戦」を繰り広げているのです。

テクノロジーの拡張の範囲が社会全体に拡がっていけばいくほど、社会に対するネガティブな影響力もまた拡がっています。

2　グローバルIT企業と政府の協働

これまで、政府は国内のメディアや通信会社などに対しては一定のコントロールを利かせることができました。ただ、サービスが国境を飛び越えて世界中で使われるようになった今、状況も変わってきています。政府は、外資企業が自国内でサービスを展開する場合には、法的な影響力を及ぼせません。

とくにアメリカや中国の企業のように、サービスが世界レベルのシェアを獲得した場合、そのサービスを提供する企業と国家が組めば、他国にとって大きな脅威になります。

ＳＮＳやウェアラブルデバイスなどが今後より一層普及すれば、誰がいつどんなことをしているのかは、瞬時に割り出せてしまいます。仮にアメリカ政府や警察の権限でこういったサービスを運営する企業から情報を取得することが可能になれば、世界中の個人の行動を、リアルタイムで把握できるようになってしまいます。

もちろん、この状況が犯罪を未然に防ぐなどのメリットをもたらす可能性はあります。しかし、全世界の国民が日々リアルタイムで言動を監視されているというのはやはりリスクの方が大きいでしょう。

PayPal の創業者で Facebook などにも投資しているピーター・ティールがつくったパランティア・テクノロジーズという企業はまさにそんな政府の需要に応えたソリューションを提供しています。

同社の顧客はＣＩＡやＮＳＡなどの米国情報機関や捜査機関だといわれています。同社は、膨大なインターネット上のデータを可視化し、分析を可能にするソリューションを各機関に提供しています。いわば、諜報捜査機関専門の分析ソフトウェアの開発会社といえるでしょう。

パランティアにはＣＩＡも投資をしていて、売上はすでに４００億円以上とみられ、その企業価値は９０００億円以上と予想されています。

イスラエルでは、優秀な起業家の前職が、軍の情報部のエンジニアだったということもよくあります。データの解析やクラウドサービスの需要は、政府や軍隊においても増えてきているのです。

ネット上の監視は治安維持のための必要悪といえる部分もあるでしょう。しかし、それは個人の行動を制限してしまう諸刃の剣でもあります。

3　戦争とロボット

人類にとって最大の脅威といえばやはり戦争でしょう。過去数千年においても最も人の命を奪っているのは戦争と疫病です。

これまでの歴史を振り返れば、皮肉にも、技術の進歩は戦争によってもたらされてきました。コンピュータはまさに戦争中に砲弾の弾道を計算するためにできたものですし、インターネットはアメリカ国防総省のプロジェクトＡＲＰＡＮＥＴがその原型です。冷戦がなければアメリカがあのタイミングで宇宙開発に乗り出すこともありませんでしたし、世界大戦が無ければ核融合の技術もあれほど早期に完成していなかったかもしれません。冷戦が続いていなければ現在のインターネットの登場も、数十年遅れたことでしょう。現在のロボット開発ベンチャーも、軍からの受注で売上を立てていることはめずらしくありません。ルンバを開発したiRobot社も、起業当初は軍から受注してなんとか食いつないでいたそうです。

進化は「必要性」によって生み出されるとすれば、最も強い「必要性」は生存欲求です。**生死がかかっている戦争では、最も強い「必要性」が発生し、結果的に技術は飛躍的に進歩します。**

今、投資が集中している注目のロボット分野ですが、今後も、この分野は民間だけでなく軍隊からの「必要性」をも利用しつつ、急速に進化していくはずです。

今後、ロボットは単独で独立して動くタイプから、クラウドとつながることで高度な連携ができるスマートロボットへと変わっていく流れにあります。これからは、コストもかかり、倫理的な反発も招く自国兵士の派遣ではなく、チームプレイで敵を殲滅するように進化したロボットたちの戦地への派遣が主流になっていくでしょう。

ドローンの向上性能も進んでおり、最近では障害物を認識して自動的に避けるドローンや、人間を認識して自動追尾できるドローンも開発されています。使い方によっては、自爆テロよりはるかに高度で大規模な無差別テロが従来よりも安価に可能になるでしょう。

今もサッカーなどの中継時に上空に表れたり、ホワイトハウスに墜落したりと、ドローンを利用した騒動は起きていますが、幸い本書執筆時ではまだそれほど大きな事件には至っていません。ただ、ドローンを含むロボットがテロや犯罪に流用されるのは、時間の問題でしょう。テロリストや犯罪者は、目的の遂行のためにより安価で効率的なソリューションを常に探しているからです。このような状況で、法律的な規制を強化する流れが強まっていくことは、必然とも思えます。

ロボットは、お年寄りの介護などの方面で人類の生活をはるかに豊かにする「薬」にもなりますが、ひとたび戦争やテロなどの目的で使われれば大きな「毒」にもなりえます。テクノロジーの人類への影響力が高まっていく以上、その負のインパクトも大きくならざるをえないのです。

テクノロジーは神にとって代わるのか

インターネットは新しい宗教ではないか、というおもしろい説があります。

米オーリン大学のアレン・B・ダウニー教授は、米国の宗教者の割合を調査し、無宗教者の増加とネットの利用者の増加には関連性があると示唆しました。この統計データをもとに、米ウォールストリートジャーナルは「Is Google Replacing God？（Googleは神にとって代わっているのか？）」という記事を書き、宗教関係者の注目を集めました。

私も含めて日本人の大半は無宗教者ですが、世界的には無宗教者の方がむしろ少数派です。世界人口は約72億人ですが、無宗教者は11億人と、全体の15％に過ぎません。しかし、今先進国では無宗教者の数が増加傾向にあり、アメリカ人の2割、若者に至ってはいまや3割が無宗教者であることが調査によりわかっています。１９９０年代、無宗教者の割合がたった数％だったことを考えれば、驚きの変化です。

ダウニー教授は、「因果関係を調べたわけではないが」と言葉を添えつつも、この１９９０年代の無宗教者の増加はネットの普及と軌を一にしていると指摘しました。もちろん、単にふたつの現象が同時期に進行しただけでは、無宗教者の増加の根拠にはなりえませんが、ロジックとしては、納得できる点があるのもたしかです。

日本も米国も世界でトップクラスに豊かで、インターネットの普及率も高い国です。インターネットの普及は、誰しもに情報のアクセスを保証し、自分の世界と外の世界を客観的に比べることを可能にします。そのとき、今まで盲信していたものを盲信し続けられなくなることは、十分にありえるでしょう。

では、新興国で経済成長が今後も続いていけば、人々と宗教との関係はどうなっていくのでしょうか。ここでは経済が成長すればインターネットのインフラも普及していくことを前提に考えてみましょう。

そもそも、宗教も、その原理に立ち返れば、他のシステムと同じく社会的に必要とされて生まれたものと考えてよいでしょう。宗教には、社会の中で報われない人たちを前向きな気持ちにさせる「救い」としての役割がありました。かつて、奴隷や迫害されていた人々は報われない日々の暮らしの中で、信仰を希望として生きていたであろうことは想像にかたくありません。昔から、長く続く宗教の多くは、現世での利益と同様にまだ見ぬ来世での利益をも説いてきました。宗教には、報われない現実からの「避難所」のような役割があると考えられます。そういう意味では、宗教は過酷な生活環境で多くの人が困っていた課題に対する「ソリューション」として存在していたのです。

しかし今、こうした状況は変わりつつあります。

とりわけインターネットを使いこなし情報を比較することに長けた40代以下の若い世代を中心に、科学では説明がつかないものを信じることは、徐々に難しくなってきているように感じられます（その意味では科学そのものも一種の宗教といえますが）。

また、必要性の面からいっても、日本やアメリカのような先進国ではかつての封建社会下で人々が感じていたような理不尽さを味わうことは滅多にありません。

つまり、現代では宗教という「ソリューション」の社会的な必要性は減っているのです。社会的な需要と供給の観点からみれば、先進国で無宗教者が増えていること自体は不思議な話ではありません。

しかし、別の視点に立てば、形を変えて「理不尽」はいまだに存在します。

競争が前提として成り立つ現在の先進国の資本主義社会では、勝者と敗者は必ず生まれてしまいます。資本主義社会において、資本は平等に配られるわけではありません。むしろ、資本は偏在する性質があります。そのため上位2割のプレイヤーが8割を独占し、その他の8割がおこぼれの2割（場合によってはそれ以下）を拾うという勝者総取りの構造になってしまいます。

これは、経済のような成長するネットワークには必ず見られる特徴です。人間は、売買などの経済活動をする際に、最も古くて実績のある存在を選ぶ傾向があります。そうして選択された対象は、その実績によりさらに信頼性を高めて、多くの支持を獲得し……と雪だるま式に成長していきます。こうしたプロセスが、経済に「偏り」を発生させます。ご興味のある方はアルバート＝ラズロ・バラバシの『新ネットワーク思考』を、ご一読されることをおすすめします。


それでも、もし資本が重力や空間や時間といった物理の法則に制限されるものなら、上位と下位の個体差はそこまで広がりません。人間はどんなに背が高くても5メートルにはなれませんし、練習してもビルをジャンプで飛び越えることはできません。食料にしたって時間が経てば腐ってしまいますし、場所もとりますから、無限に蓄積することはできません。これらは、いずれも物理法則の制限を受けています。

一方で貨幣は本質的にはただの「データ」であり、概念的なものですから、物理法則が適用されません。それゆえ、増殖させようと思えば、スケールメリットを活かしてどこまでも増やすことができてしまいます。

図5　偏在する資本

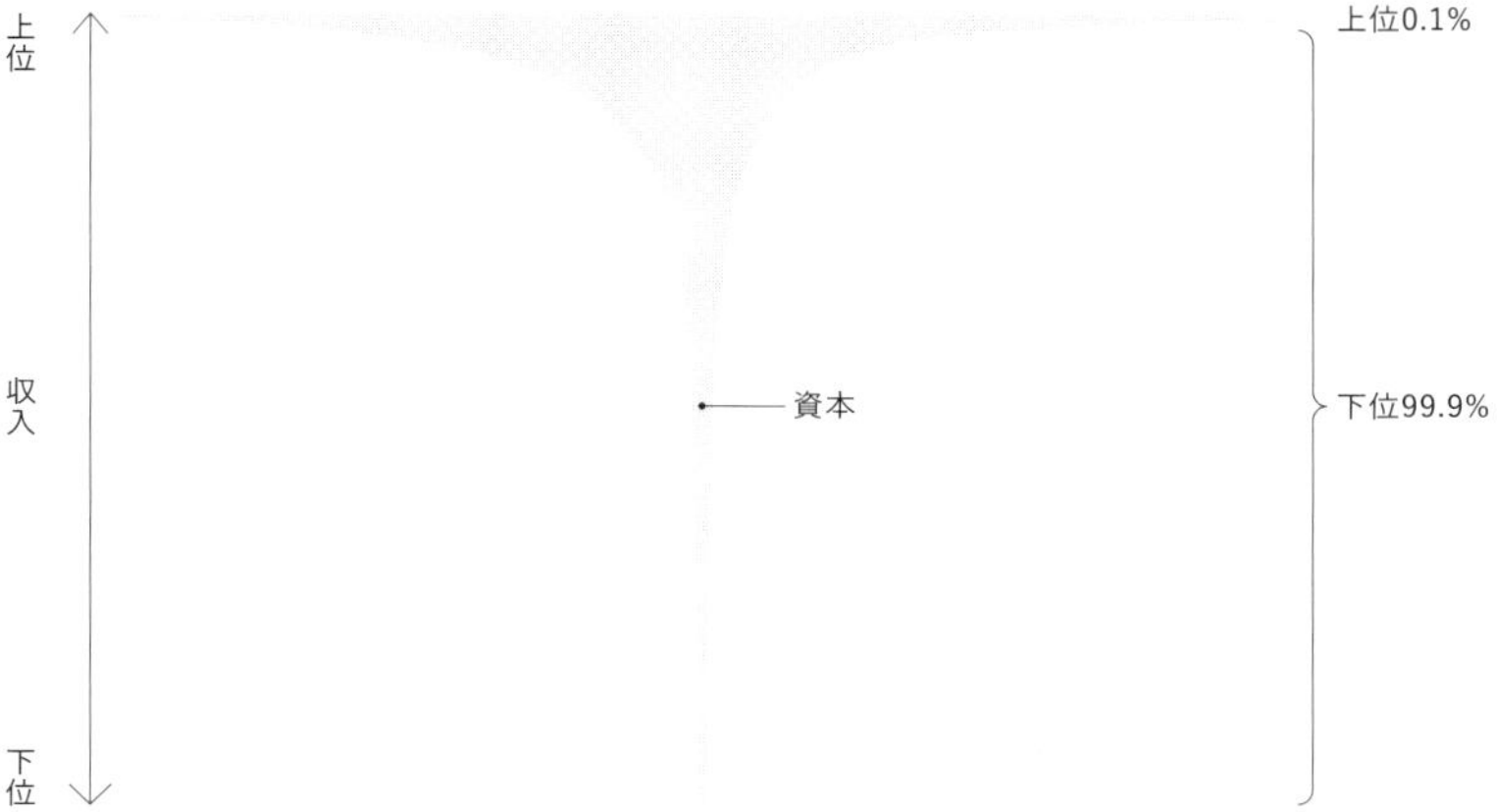

　ビル・ゲイツなどを含む世界上位80人の持つ富は、下位35億人のそれと同程度だという調査結果もあります。資本主義における格差は正規分布ではなく、実際には、図5のような形になります。

　資本は資本のあるところに集まる性質があり、一度大きな資本をつくることができればそれを維持するのは難しいことではありません。利子収入だけで生活している人などは、まさにその典型です。資本のある家庭は、子どもに高い水準の教育を受けさせることができます。そうして育った子どもは通常の人よりも多くの職業的な選択肢を得られる可能性が高いですから、経済的に上位層に入る確率も極めて高くなります。

現代の資本主義社会では、封建社会のような形での理不尽は少なくなったといえるでしょう。しかし、根本的には封建社会も現代も構造そのものは同じです。封建社会における「身分」は、資本主義社会では「資本」にすり変わっただけで、理不尽はなくなっていないともいえるのです。

さらに、インターネットによりリアルタイムで情報がやりとりされる現代の社会では、その理不尽は可視化されています。自分が幸せであるかどうかは相対的な概念でしかありませんから、他人と比較が容易な今の社会は、相対的に不幸を感じやすいともいえるでしょう。

北朝鮮の平壌《ピョンヤン》に行った人から聞いた話ですが、外から見れば気の毒だと思わずにはいられない北朝鮮の国民も、実際に暮らしている人たちを見ると予想以上にみんな穏やかに暮らしているそうです。

自由競争という概念がないため、自国内で相対的な不幸を感じる機会が少ないことも影響しているのでしょう。そして、情報を極度に制限されているため、彼らは他国と自分たちを比べる手段も持ちません。自身が不幸かどうかを検討するための材料がないのです。

心理学者のバリー・シュワルツは、情報量と幸福度は反比例すると主張しました。人はより多くの情報にアクセスできるようになるほど、他人と比較して、選べなかった選択肢のことを思い、後悔してしまうようにできているのだと。

現代の資本主義社会は競争を前提としてつくられていますから、勝者と敗者は必然的に生まれます。本来、宗教とは、そういった既存の枠組みの中では報われない人にとってのソリューションとなるはずのものでした。

一点だけ昔と違うのは、それは現代の先進国に生きる人々が、全体的な傾向として、非科学的なものを信じづらくなってきていることです。

以前は、人間にとって理解不可能なことはすべて神か悪魔の仕業《しわざ》とされていました。しかし、科学の誕生により、人間は理解不可能なこの世界を理解可能な場所にするための手段を得ました。結果として科学は、理解不可能なものを「神や悪魔の仕業」として受け入れづらくする副作用ももたらしました。

その点で、宗教は現代では既存の枠組みの中で報われない人のソリューションにはなれません。既存の社会システムの中では報われず、かといって信仰も持てないという人は、今後も増えてくるだろうことが予想されます。

テクノロジーは宗教そのものにはなれません。しかし、ある意味では、かつての宗教に近い役割を担いはじめています。

インターネットは仮想の空間ですから、現実社会ともうひとりの別の人格として振る舞うこともできます。これは、匿名の場合に限った話ではありません。Facebookのような実名制のSNSにおいても、ネットとリアルで印象が違うという人が周りにひとりくらいはいるでしょう。現実社会で相手の顔色を見つつ会話するのは苦手な人でも、テキストで顔の見えないネットにおいては、うまくコミュニケーションできるタイプの人もいます。

ネットは現実に嫌気がさした人たちにとっての「避難所」のようなものなのかもしれません。現実とは交わらない空間で、別の人格として気兼ねなく言いたいことが言える。擁護するわけではありませんが、ときに2ちゃんねるやTwitterでみられる安易な誹謗中傷も、ストレス解消として一定の役割を果たしているのでしょう。

インターネットが現実とは別の空間を提供するにつれて、現実とバーチャルの境目がなくなることを懸念する声もあがってきています。子どもがオンラインゲームに没頭しすぎると、仮想の世界での暴力的な行為を現実世界にも持ち込んでしまうのではないか、という主張はその典型です。しかし、これはネット以前にもゲームや漫画など新しいメディアにおいて繰り返し登場してきた、パターン化された議論です。善悪の概念は相対的なものであり、時代によって変わります。ここでは客観的な現象として、今後テクノロジーが現実世界に及ぼしうる影響について考えていきます。

インターネットは様々な物体とつながって、リアルの世界を侵食すると第1章で述べましたが、一方でＩＴは真逆の、リアルの世界をヴァーチャルにもちこむ方向にも進化しています。それが、独立した仮想空間をまるで現実世界のように映し出すＶＲの世界です。**情報技術は、現実世界に拡張していくとロボットへと進み、仮想世界に拡張していくとＶＲ技術へと進んでいきます。**

Facebookが買収したOculusを筆頭に、ＶＲも多くのＩＴ企業が積極的に投資をする領域です。今はまだマウントヘッドセットと呼ばれるゴーグルのようなものをつけて仮想現実を体験するのが一般的ですが、今後、装置もより小型化し、スマートに楽しめるように変わってくるでしょう。

まだ製品化されていない最先端のＶＲ技術は、すでに現実と仮想の区別がつかないほどの性能に達しているといわれています。

これらの技術は単独でも十分に画期的ですが、インターネットとつながり別のコミュニティを仮想空間上につくることができれば、そのインパクトはより大きくなります。そうなれば、現実とは別の新たな世界が並行して存在し、複数の現実と複数の人格の中で、自分の行きたい空間ですごすことも可能になります。

現在のVRは視覚を再現するのみですが、さらに野心的なプロジェクトに取り組んでいる企業も存在します。Magic Leap は Google を含んだ投資家から650億円以上の資金を調達したベンチャー企業です。そのプロダクトはまだ謎に包まれていますが、本書執筆時には視覚に加え触った感覚まで再現しようとしているのではといわれています。Google をはじめとした超有名企業が、製品がまだリリースされていない企業に対して650億円以上の投資をするということは、それだけ社会のパラダイムを変える可能性を秘めているのでしょう。そこに無いにもかかわらず見ることができ、触ることができるという状態の実現はそう遠いものではないかもしれません。

創業者のロニー・アボヴィッツは複数のロボットベンチャーの設立に携わってきた人物です。Google は Google Glass プロジェクトのバックアップとして、また Facebook の Oculus 買収に対抗して、この分野に投資をしておきたいという狙いがあるのでしょう。

原理から立ち返って考えれば、目的を実現するために別のアプローチが見つかった場合は、既存のアプローチは唯一無二の存在ではなくなり、選択肢のひとつに変わります。

もし現実世界に希望を感じられずに、コンピュータがつくりだす仮想世界のほうをメインに時間をすごす人が増えたならば、現実世界のほうがオプションになってしまう可能性も十分にありえます。テクノロジーがさらに進歩し、五感のほとんどを再現できるようになったとき、人は自分が最も暮らしやすい世界を「現実」として選択し、生きていくようになるのでしょう。

もちろん、こういった世界は現在の私たちには馴染みのないものですし、不安に感じる人も多いでしょう。新しいテクノロジーが社会に浸透し、受け入れられるまでは、とても時間がかかります。技術的に可能になっても、人々が感覚的に受け入れないものであれば、広く普及することはありません。

人々の持つ価値観が切り替わるタイミング、それは技術の実現する利便性が、人々の抱く不安を上回った瞬間です。現実と仮想がさらに融解する世界が受け入れられるためには、ハードやソフトやビジネスなどを含めてまだまだ多くのハードルが残っています。

インターネットを中心とした情報技術には宗教のような教義も信仰の対象もありませんが、既存の社会システムでは報われない人々へ新しい道を提供している点では同じ役割を果たしています。今に至るまで、科学によって神の存在はことごとく否定されてきましたが、その科学が作り出すテクノロジーが神の代わりになりつつあるというのは何とも皮肉な話です。

宗教による救いは、社会が合理化するにつれて難しくなります。しかし、「救い」に対する必要性がある限り、テクノロジーはそれを実現し、人々に現実世界の迂回を可能にする新たな選択肢を提供していくのです。

第4章

未来に先回りする意思決定法

ここまで、社会が今後進む大きな方向性を示してきました。しかし、もし変化の流れが掴めたとしても、それだけでは意味がありません。未来に先回りするために必要な最後のピースが「行動」です。ここでは、未来の方向性を把握した上で、個人はどう意思決定をすべきかに焦点を当てていきます。

効率化の「罠」を回避する方法

第2章では、既存のシステムが今後どうなるかを考える際には、それがなぜ生まれたかという原理に立ち返り、現在もそれが最適解かを検証する思考法が有効だと述べました。これは個人にもそのまま当てはまる話です。

ビジネス書ではよく効率化のノウハウや、ライフハック的なテクニックが紹介されています。しかし、**本当に大きな成果を上げたいのであれば、真っ先に考えなければいけないのは今の自分が進んでいる道は「そもそも本当に進むべき道なのかどうか」です。**

いくら現状の効率化を突き詰めていっても、得られる効果はせいぜい2〜3倍が限度です。

あなたがもし10倍や100倍の成果を得たいのであれば、今自分が取り組んでいる活動そのものを見直す必要があります。

自転車をどれだけ改造して整備しても、宇宙に出ることは永遠にできません。どれだけ早くペダルをこいでも、自転車は構造上空に浮くことは絶対にありません。もし月に行きたいのであれば、まず今乗っている自転車から降りる必要があるのです。

テクノロジーの進化があるシステムを時代遅れにしてしまうことがあるように、**時代の急速な変化によって、かつて自分が選んだ道が最適解ではなくなっているということはたびたび起こります。**

現状をひたすら効率化し続けることは、目的地への近道を探すことを放棄した思考停止の状態ともいえます。現実の世界は、迷路のようにたったひとつの道しかゴールにつながっていないわけではありません。目的地へのルートは、無限に存在します。

私は、無駄な努力はないと思っていますが「報われない努力」は存在すると考えています。残念ながら、意味のないことはどれだけうまくできるようになっても意味はないのです。

物事は、惰性で進みがちです。「どうすれば現状のやり方を効率化できるか」と考える前に、「今も本当にそれをやる価値があるのか」を優先して考える癖をつけることをお勧めします。

大きなリターンを出すためには、適切な時に適切な場所にいることが重要です。人間ひとりの努力によってできることは非常に限られています。努力に頼るよりも、大きな流れに乗る方が、はるかに速く目的地に着くことができます。

短期間で大きな企業をつくりあげた企業経営者に会うと、意外な共通点があることに気付きます。実は、彼らが、コミュニケーション能力が高く、リーダーシップや人望にあふれるスーパービジネスマンであることは稀です。そのかわり、彼らが共通して持っているのが「世の中の流れを読み、今どの場所にいるのが最も有利なのかを適切に察知する能力」です。

人間的な魅力という点では、企業のトップ営業マンのほうが彼らに勝っていることもめずらしくありません。しかし、個人がどれだけ優秀でも、ひとりの努力でできることは限られています。より大きな規模で何かを成し遂げる場合には、世の中の構造を理解し、風向きを読む力のほうがより重要になってきます。

コミュニケーション能力や外見的な魅力はある程度生まれつきの部分もあります。しかし、少し先の未来を予測し先回りする力を身につけるのはそれほど難しいことではありません。重要なのはその行為に自分の時間を投資しようと思うかどうかです。

1　常に原理から考える

未来に先回りするために重要なことは3つあります。まず、常に原理から考える思考法を身につけていることです。原理から考えるためには、そのシステムがそもそもどんな「必要性」を満たすために生まれたかを、その歴史をふまえて考える必要があります。現在の景色だけを見て議論しても、それはただの「点」にすぎません。長期的な変化の「線」で考えなければ、意味はありません。

世の中の製品・仕組み・サービスなどはすべて何かしらの必要性に迫られて誕生しています。しかし、時間が経つとその時代に最も効率的だと思われた選択肢も、実態の合わない時代遅れなものになります。それでも、惰性で物事を進めてしまうのが人間です。新しい選択をし、ゼロから学習するのは誰だって面倒なのです。

近代以前、世の中の変化は速くありませんでしたから、同じ方法を採り続けても問題はありませんでした。一生を通して人間のやる仕事は変わりませんでしたし、場合によっては何世代も同じこともありました。

しかし現代では、私たちのライフスタイルは、生きているうちに何度も変わります。**かつての時代のように、今までやってきたことをこれからもやり続けることは、リスクが高いのです。**常に世の中の変化に目を配り、自分が今やっている活動がその変化と合致しているかをチェックしなければいけない時代に、私たちは生きています。

手段が目的化することを防ぐためには、今やっている活動がどんな課題を解決するために誕生したのか、常にその原理を意識しておく必要があります。もし、その課題を解決するためにもっと効率的な方法がすでに存在するのであれば、今の活動を続ける意味はありません。

「原理」とは船が海に流れていかないようにするための碇《いかり》のようなものです。原理に常に立ち返ることができれば、自分の乗った船が流されることはありません。

2　テクノロジーの現在地を知る

課題への解決方法が時代に合っているかを判断するためには、テクノロジーの現在地を知っている必要があります。現代人で、東京から大阪まで行くのに徒歩で行こうと考える人はまずいないでしょう。江戸時代にはそれが最適解だったと思いますが、今は車や新幹線などのテクノロジーを活用すればもっと速く行けることを誰でも知っているからです。

このテクノロジーを「知る」という行為には、以下の4つの段階があります。

①使える
②ポテンシャルがわかる
③なぜできたのかを原理から理解している
④実際の作り方がわかる

の4段階です。

コンピュータを使える人（①）は世界で27億人以上います。そして、コンピュータで何ができるのかというポテンシャルも、9割以上の人が理解しているはずです（②）。しかし、電子回路なども含めてコンピュータがどのように動いているのかを理解できている人（④）は0・01％程度しかいないでしょう。

未来の方向性を読むためには、④までは知る必要はありません。一方で①と②は多くの人が理解していて、差がつきません。重要なのは③の「原理」を知っているかどうかです。そのテクノロジーがなぜ誕生し、どんな課題を解決してきたのかを知ることで、その課題を解決する別の選択肢が誕生したときに、未来の方向性をいち早く察知することができます。

3　タイミングを見極める

物事の原理を知り、より効率的な別のアプローチも思いつき、技術的にもそれが実現可能であると理解できれば、最後は適切なタイミングにアクションを起こすだけです。そして、そのためには、必要なリソースを調達する必要があります。実は、これが最も難しいのです。

ビジネスの世界でアクションを起こすのは、電車に乗る行為とよく似ています。目の前には、都内の通勤ラッシュのように、分刻みのスケジュールで電車が走っています。その中から、選ぶ市場や戦い方によって、乗る電車を選ばなくてはいけません。ただし、乗客は、その電車がどこまで行くものなのか、事前に知ることはできません。遠くまで行ける電車を見抜けるかどうかは、乗客の未来を読む力に委ねられているのです。

最も遠くに連れていってくれる電車を見つけて飛び乗ることに成功すれば、大きく飛躍できるでしょう。ただし、そのためには「切符」を持っている必要があります。

この「切符」にあたるのが「リソース」です。それは資金だったり、自分のスキルや経験だったり、人脈だったりと、様々です。もしそれらの最低条件を揃えていないと電車に乗ることはできません。もちろん、電車によって切符はすべて異なります。

もしあなたが、何が課題でどうすればよいかがわかっていても、切符を持っていなければ、チャンスに飛び乗ることはできません。

そして、もうひとつ重要になるのが電車の出発時刻、つまりタイミングの問題です。

ビジネスの世界には、定められた時刻表はありません。自分の予測にもとづいて、電車がやってくるタイミングを読む必要があります。タイミングが、すべてを決めます。


だからこそ、未来が読める「だけ」では価値はないのです。その恩恵にあずかるためには、未来に向かう電車が来るタイミングで、必要なリソースを揃えて、駅のホームで待っていなければなりません。

そのためには、まず自分が持っている手持ちのカードをきちんと把握し、電車が来るまでの残り時間の中で、足りない条件を揃える必要があります。


電車がやってくるタイミングが直近であればあるほど、同じことを考えホームで待つ人は増えますから、一人ひとりが得るリターンは減ります。一方、そのタイミングが遠ければ遠いほど準備している人は少なくなり、リターンは大きくなります。競争が激化する前に参入障壁をつくり、先行者利益を享受することもできます。しかし、そのためには長い期間準備するための経済的余裕が必要になります。どのアクションが最適かは、そのあたりを加味して判断しなければいけません。

メディアと周囲の人をリトマス試験紙にせよ

では、いかにしてそのタイミングを読めばいいのでしょうか。その方法を考える前に、まず大前提として知っておいてほしいことがあります。完璧にタイミングを読むことは、絶対にできません。世の中の不確実性をすべて読み切ることは人間には不可能だからです。

しかしタイミングにはある程度「バッファ」があります。重要なのは、タイミングの誤差をこの「バッファ」内に収めることです。

そして、タイミングが適切かを読むために最もよいリトマス試験紙になるのが、周囲の人の反応です。結局、人同士がビジネスを繰り広げる以上、タイミングとは相対的なものでしかありません。早いか遅いかは、潜在的な競合との関係性で決まります。

もし新しいもの好きのギークのみが熱中していて、そのテーマを他人に話しても8割の人が聞き返してくる場合は、まだ少し早いでしょう。逆にマス向けの新聞、雑誌、テレビなどのメディアで頻繁に取り上げられているようなら明らかに遅く、そこからアクションをとっても間に合いません。

できるだけサンプルに偏りがないよう、様々なタイプと属性の人にそれとなくヒアリングを重ね、反応を観察してみるとよいでしょう。

そして、若く経験もリソースも乏しい「持たざる者」と、リソースの豊富な「持てる者」ではベストなタイミングは異なります。持たざる者は競争になれば資金面では必ず負けますから、早いタイミングで参入する必要があります。後から「持てる者」が参入してきても勝てるだけの力を、先行者利益を享受できる間に蓄えられるかが、勝負を決めます。一方で「持てる者」は、リソースが豊富にある分少し遅くても間に合います。成功確率を高めるためには、むしろ「持たざる者」の動向を探りながら、その企業が体力を付ける前に後ろから一気に攻め落とすのが上策です。そのタイミングを逃すと、「持たざる者」が攻略に必要なピースを揃えてしまいます。

パターンが掴めるまで意図的に失敗を重ねる

人が行動するにあたってまず壁となるのが、感情です。人は自分の行動が他人からどう見られるかを常に考えてしまいます。アクションにはリスクがつきものです。失敗したときに受ける酷評や嘲笑を考えれば、誰だって恐怖を覚えるでしょう。

人間の感情は、あるところを叩くと決まった音が鳴る楽器のようです。嫌なことを言われれば落ち込み、褒められれば嬉しくなります。いつも、誰かの行動に共鳴し、影響を受けています。

ただ、自分の目の前の現実がどのように動いているか、そのメカニズムを本当に理解したいのであれば、この感情というフィルタを一旦無視しなければなりません。客観的なデータとして物事を見つめる姿勢が必要です。

そして全体のパターンを理解するために必要なのがサンプルの母数です。一度トライしただけで、そこからパターンを見極めるのは無理があります。パターンが理解できるようになるのは、一定数のトライを重ねてからです。

たとえば、とあるプロジェクトを立ち上げる際にスタッフを募ろうと声をかけてみるとします。あなたはそのプロジェクトの成功に、とても自信を持っている。そして、熱を込めて最初の一人に声をかけたところ、意外にも、冷たく断られてしまいました。おそらくその自信の分だけショックは大きく、やめたくなりもするでしょう。多くの人は、ここであきらめてしまうのです。しかし、１００人に声をかけ続ければ、最終的に10人ぐらいは協力してくれるかもしれません。この場合、プロジェクトに協力してくれる確率は10分の1ですから、50人必要な場合は５００人に依頼する方法を考えればよいことになります。確率が見えれば、適切な対処法がわかります。

物事がうまくいかない場合、パターンを認識するために必要な試行回数が足りていない場合がほとんどです。サンプルが必要だと頭ではわかりながらも、感情的な理由から十分な数が集まる前にあきらめてしまう。目標の達成を阻んでいるのは、実は人間の感情というフィルタだったりします。

もちろん、人間である限り、この感情の揺らぎから逃れることはできません。それでも、**一回一回の成否に一喜一憂せずに、パターンと確率が認識できるまで「実験」だと割りきって量をこなす**ことが重要です。

現代社会の意思決定の場において、ロジカルシンキングはとても重要なスキルです。社内で新規事業のプレゼンをする場合や、経営者が投資家に事業案の説明をする場合、一定の論理性なしに同意を得るのは難しいでしょう。

しかし、ロジカルシンキングは、他人を説得する際には絶大な力を発揮する一方、物事の成否を見極めるには、実はそれほど役に立ちません。

論理性が高いということは誰もが納得可能であるということです。しかし、「他人も自分も納得できる」ことは本当に「成功の可能性が高い」こととイコールなのでしょうか。

ビジネス書では、ロジカルシンキングは「物事を体系的にとらえて全体像を把握し、内容を論理的にまとめて的確に伝える技術」などと説明されています。

ここで注目したいのは、「体系的」あるいは「全体像を把握」といった言葉です。人間が「全体像を把握」することなど、そもそも可能なのでしょうか。このあたりに落とし穴がありそうです。

仮に、新規事業を検討している担当者が社内でプレゼンテーションをする場面を考えてみましょう。海外では注目されている市場で、まだ日本では誰も手がけていないビジネスに自社が進出すべきだと、担当者が提言したとします。

担当者は、市場の成長性・海外プレイヤーの成長率・自社が参入した場合の競争優位性などを材料に、そのビジネスの可能性を経営陣にプレゼンしました。経営陣は、その説明をもとに成功確度を見積もり、参入するかどうかの意思決定を行うようです。

もし、このときに同じことを検討している会社が10社あったらどうでしょう？　市場は一瞬で競争過剰に陥り、値下げ合戦に巻き込まれ充分な利益が出せなくなるはずです。しかし、今誰がどんな事を考えて何の準備をしているかをリアルタイムで知ることは、世界中を監視できない以上、まず不可能です。この時点で、競争環境を判断する材料が抜け落ちていることになります。

このとき経営陣の中に「大手企業が来月に参入する」という具体的な情報をキャッチできる立場の人物がいれば、意思決定の内容は変わってくるでしょう。つまり、**構築できる「ロジック」は、その人がかき集められる情報の範囲に依存するという危うさをはらんでいます。**

さらに、ロジカルかどうかの判断は、その母集団の「リテラシー」に依存します。

たとえば、Facebookは２０１２年に社員13人、売上ゼロの写真共有アプリ「Instagram」を

10億ドルで買収しました。当時のInstagramのユーザー数は世界中に３０００万人程度。12億人の利用者を誇るFacebookにとってはそこまで魅力的な規模ではありませんでした。

多くの投資家はこの買収に懐疑的で、メディアでは「金の無駄遣いだ」とまでいわれていました。しかし、そこから3年たった２０１５年現在、Instagramの月間利用者数は3億人を超えています。ほぼ同程度の月間利用者数を誇るTwitterの企業価値が２４０億ドルであることを考えると、当時非常に懐疑的に捉えられたInstagramの買収は、ふたを開けてみればとてつもない掘り出し物だったことが明らかになりました。

Instagramは現在もFacebookの稼ぎ頭とはなっていませんが、Facebookの広告モデルをそのままInstagramに応用し、すぐにでも収益化することは難しくありません。3億人のユーザー同士のコミュニケーションという価値は、いつでも資本に換算可能なのです。

おそらくFacebookの経営陣は、自社の成長を通して、どのようなアプリケーションが今後成長してくるのかを誰よりもよく理解していたのではないかと思われます。事実、写真がＳＮＳにおいて今後キラーコンテンツとなることを理解していたことは、経営陣の過去のインタビューからも読み取れます。

Facebookの成長を通じてＳＮＳに対しての深い知識と経験を獲得していなかったら、Instagramの買収に10億ドルを払うという意思決定は難しかったでしょう。はたから見れば非合理的に見えた判断を下せたのは、経営陣のＳＮＳに対する高いリテラシーのおかげだったといえます。

ロジカルシンキングには、すべての情報を得ることができないという「情報」の壁と、意思決定者が持つ「リテラシー」の壁というふたつの障壁が存在します。

問題は、そのふたつの壁を認識しないままに、自分たちに認識できる現実の範囲を「全体像」と捉えてしまうことです。ロジックを構築する土台となる材料自体が不正確さを含んでしまっているので、しばしば人間の将来に対する認識はあっさり裏切られてしまいます。

合理性は後付け

自分自身の過去の意思決定を振り返っても、とてもその時点ではロジカルとはいえないものがたくさんありました。

経営においては、手持ちの人材、資金、経験などのリソースの範囲内で、最も勝率の高そうな事業に投資をすることが「合理的」とされています。逆に現在の手持ちのリソースでは難しそうな事業の展開に踏み切ることは、周囲にはとても「非合理的」に映るものです。私が最初にアプリの収益化支援サービスのグローバル展開を決断したときはまさに後者でした。資金、経験、ノウハウ、どれひとつリソースが揃っていたわけではなかったからです。

しかし、スマホの普及によってアプリひとつで世界中にコンテンツを配信できる時代が来ると知っていれば、自国のみの展開ではどのみち頭打ちになることは明らかでした。

2010年に中国とアメリカの市場を見て、インターネットの中心がPCからスマホへ、Webからアプリへ移動するであろうことは、確信が得られました。そして、同一のプラットフォームに全世界から参入できるアプリストアの性質上、グローバル展開は絶対に抑えなければいけないピースであることも、すぐに理解できました。

コンテンツ企業が世界中の企業とアプリストア上で競争にさらされるということは、世界中の市場に対応したマーケティングが必要となることを意味します。いずれアプリのセールスを全世界横断で支援する仕組みは必ず必要になると、私は考えました。

ただし、この時点ではそういった世論はまだ形成されていませんでした。今でこそ当たり前になりましたが、誰もがスマホを持つ未来がやってくること、そして世界中に開かれたアプリストアで企業が競争することは、まだ共通認識ではなかったのです。

私自身ももちろん実際にその世界を見たわけではありませんでした。ただ、テクノロジーの性質から機械が超小型化・高品質化すること、インターネットが国境を無効化したビジネスを可能にすることなどの「流れ」から、そう考えたにすぎません。

過去の事例も資料も示せないなか、周囲が納得できるロジックを示すことは大変でした。他人から見れば、国内を押さえてもいないのに一気にグローバル市場にビジネスを展開することは、順序を無視した、先走った意思決定だと思われていました。

しかし、時間の経過とともにAppleやGoogleなどのプレイヤーが市場を整え、当初は共有されていなかった認識が段々と広まっていきました。結果として、納得感は後付けで形成されていきます。自分がやっていること自体は変わらないのですが、合理性の方が後からついてきたような印象です。この経験から私は、日常的に行われている意思決定プロセスには何か欠陥があるのではないかと疑問を感じるようになりました。

それまでは自分の認識をもとに論理的に意思決定を行っていました。しかし、そもそも自分の認識はそんなに信用できるものなのか、というよりも、人間に現実を正しく認識する能力はあるのか、あらためて考えてみるようになったのです。

社会は、人間が現実を正確に認識でき、論理的に説明できることを前提につくられています。

しかし、現実の複雑さは人間の理解力や認識能力を常に超えているため、人間の認識は何度も裏切られます。人間はその度、後付けで合理性をつくることで現実を「理解したこと」にしてきました。

「後付けの合理性」とは、過去に起こった出来事にもっともらしい原因を見つけて、あたかも筋が通っているかのような共通理解を持とうとする行為のことです。

前述したように、人のつくりだす論理は、情報の不足と理解力の限界によって、完璧なものにはなりえません。しかし、社会は「論理的であること」を判断の前に求めるので、しかたなく後から、それらしい理論をくっつけて「理解できている」ことにしておかないと機能しないのです。

私たちは、この社会で何か行動をするとき必ず「なぜ？」と聞かれます。実際にわからなかったとしても「わからない」と答えてそのまま前に進められることは滅多にありません。

これは、科学が発達していく過程で、非合理的な選択をどんどん許容しなくなっていったことと無関係ではないでしょう。

昔は、よくわからないことは神か悪魔の仕業ということですんでいました。しかし、今はそんなことを言っても誰も納得してくれません。

人間の脳が現実を正しく理解できるほどの処理能力を持ちあわせていないという事実は、たびたび忘れられます。実際には判断をするための情報も、異なる情報をつなぎ合わせるためのリテラシーも、私たちには常に不足しています。

私たちにできるのは、目の前にある手持ちの材料を混ぜ合わせて、自分も周囲も納得できるような「その場しのぎの合理性」をつくることだけです。

本当の意味で合理的な判断がしたいならば、非合理的なものを許容しなければいけません。「わからないものはわからない」ことを事前に理解しなければならないというパラドックスから、人間は逃れることはできません。

だからこそ、まず自分自身の認識すらも誤っている可能性を常に考慮に入れた上で意思決定をする必要があります。ひとたび動き出せば、新しい情報が手に入り、「認識」は随時アップデートされていきます。

将来的に新しい情報が得られるであろうことを考慮に入れた上で、一定の論理的な矛盾や不確実性をあえて許容しながら意思決定を行うことが、未来へ先回りするための近道です。

よくよく世の中を眺めていると、どう考えても論理的におかしいことが当然のこととして扱われていたりする「あべこべ」な現象がいたるところに存在しています。

たとえば、とてつもなく頭が良い人であれば、事業を必ず成功させられるかといえば、そんなことはありません。ずば抜けて頭が良い人であれば、どんな問題が起こっても対処可能なように思われますが、どうやら実際の事業の成功確率と頭の良さは比例していないようです。

ＭＢＡの講師や有名コンサルタントが実際に経営者として成功するケースは多くありません。自分で経営をしたことがない経営学者や、事業の経験がないコンサルタントが経営を語ることの奇妙さが議論されることは少ないようです。

それ以外にも、リアルタイムでは合理的に見える判断が、結果として最悪の決断であったという「あべこべ」もよく起こります。

たとえば、リーマンショックによってすべてを失ってしまった投資会社も、経営のリソースをより高収益なサブプライムローンに集中させたこと自体は、当時においては合理的な判断だったでしょう。今、その選択を愚かだと非難することは簡単です。しかし、それを事前に指摘できた人はほとんどいなかったのです。

ロジックと結果は明らかに連動していないのに、すべての意思決定は常にロジックに依存して動いているというジレンマは、様々な形で見られます。

ポール・グレアムという投資家は、この矛盾を突いてベンチャーキャピタルの世界で成功を収めました。

Airbnb や Dropbox のような1兆円規模のメガベンチャーへ出資する投資家でもあり、Y Combinator の創業者でもあるグレアムは、自著で「どのスタートアップが大成功するかなんて誰にもわからない」と言い放ちました。

グレアムは自身の主観的な判断を信用しません。起業家の持つ様々な素質を数値化し、一定の基準を超えたスタートアップには等しく投資を実行するというルールを設け、これまで大きな成功を収めてきました。

普通、投資は自分がうまくいくと確信した事業に対してのみ行います。投資家というのは先見の明に自信がある賢い人がなるものですから、なおさらです。しかし、グレアムは「将来を正確に予想することは誰にもできない」という前提に立ち、自分も例外扱いしませんでした。グレアムは自分でも認識できない可能性に投資することでリターンを得ているのです。

一方で、長年の勘と経験をもとに、事業計画の妥当性と企業の成長性を納得いくまで議論して「合理的」に投資決定をする多くの人が、グレアムのリターンに届かないのは、また何とも「あべこべ」な話です。

ＩＴや株式投資など、物理的な制約を受けにくいビジネスは、上位１％が全体の９９％の利益を稼ぎだすなど、強い非対称性を持つ傾向があります。グレアムはここに潜む矛盾をうまく突き、成功を収めています。

今の自分の能力に基づいて意思決定してはいけない

「案ずるより産むが易し」という言葉もありますが、できないと思ってやってみたら意外に簡単にできたという経験は、誰にでもあるでしょう。

自分の能力を過小評価しているケースもあるでしょうが、その多くは、時間の経過とともに自分の能力が上がることを判断材料に入れていないのが原因です。

何か目標を立てるとき、人間はその時点での自分の能力や知識を判断材料にして、自分がどこまで到達できそうかを試算します。「ああ、あそこまでならいけそうだな」と。

ただ、取り組んでいるうちにその人の知識だったり能力だったり、様々なパラメータ（変数）はアップデートされていきます。やる前にはわからなかったことがわかり、新しい知識を学び、頭をひねって工夫しているうちに新しい能力が身についたりします。結果として、自分が当初考えていたことよりも多くのことができるようになっていた、というのはよくあることです。

逆にいえば、現在の認識でできそうに見えることは、将来の自分にとっては楽勝でできる可能性が高いのです。今できそうに思えることをし続けることは、大きな機会損失ともいえます。もっと高い目標を設定していれば、もっと遠くまで行けたのですから。

時間の経過とともに自分の認識がアップデートされると仮定すれば、現時点で「できなさそうに思えること」とは「本当にできないこと」ではありません。むしろ、できるかできないかを悩むようなことはすでに「できることの射程圏内」に入っていると考えた方がよいでしょう。

自分の経験からいえば、いきなりグローバルに事業を展開した当時は、自分が成功するとはとてもではありませんが、確信できませんでした。今ならどの国がどのぐらいの市場規模で、どのように構成されているか、どう攻略すべきかをすぐに頭の中に思い浮かべることができま

図6　現在の認識

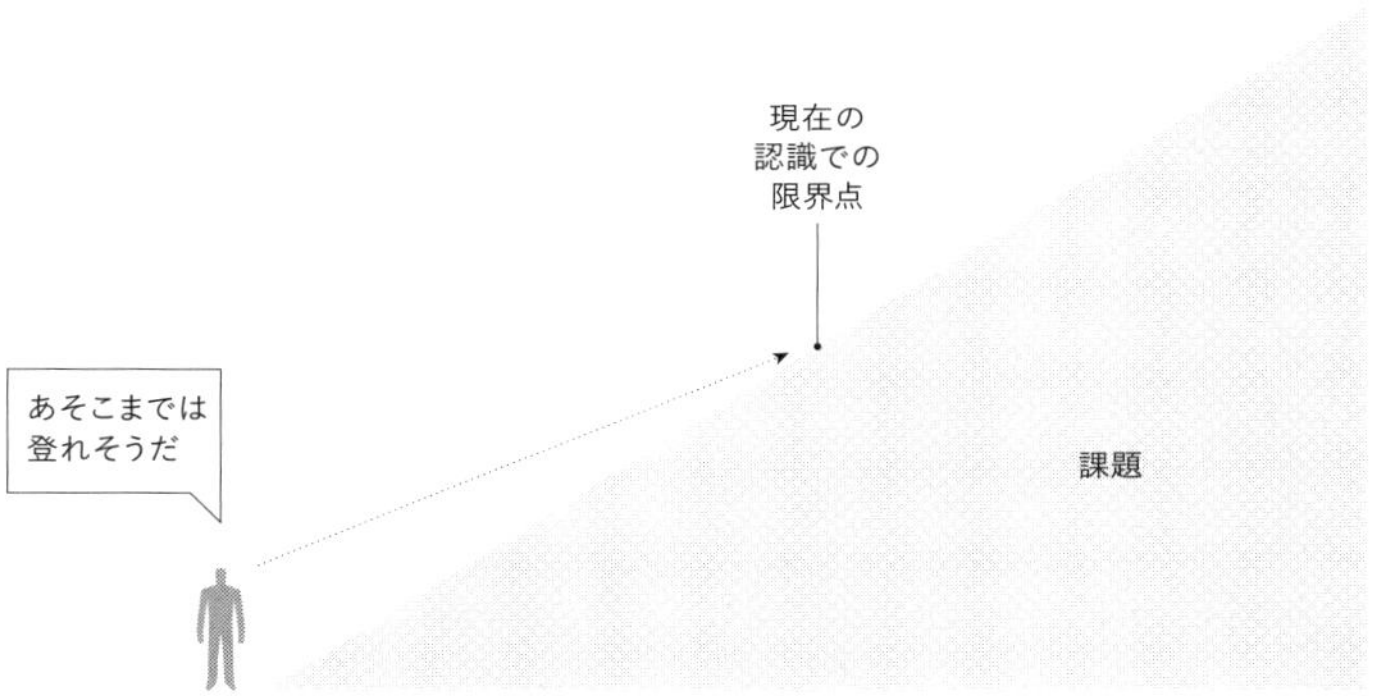

図7　1年後の認識

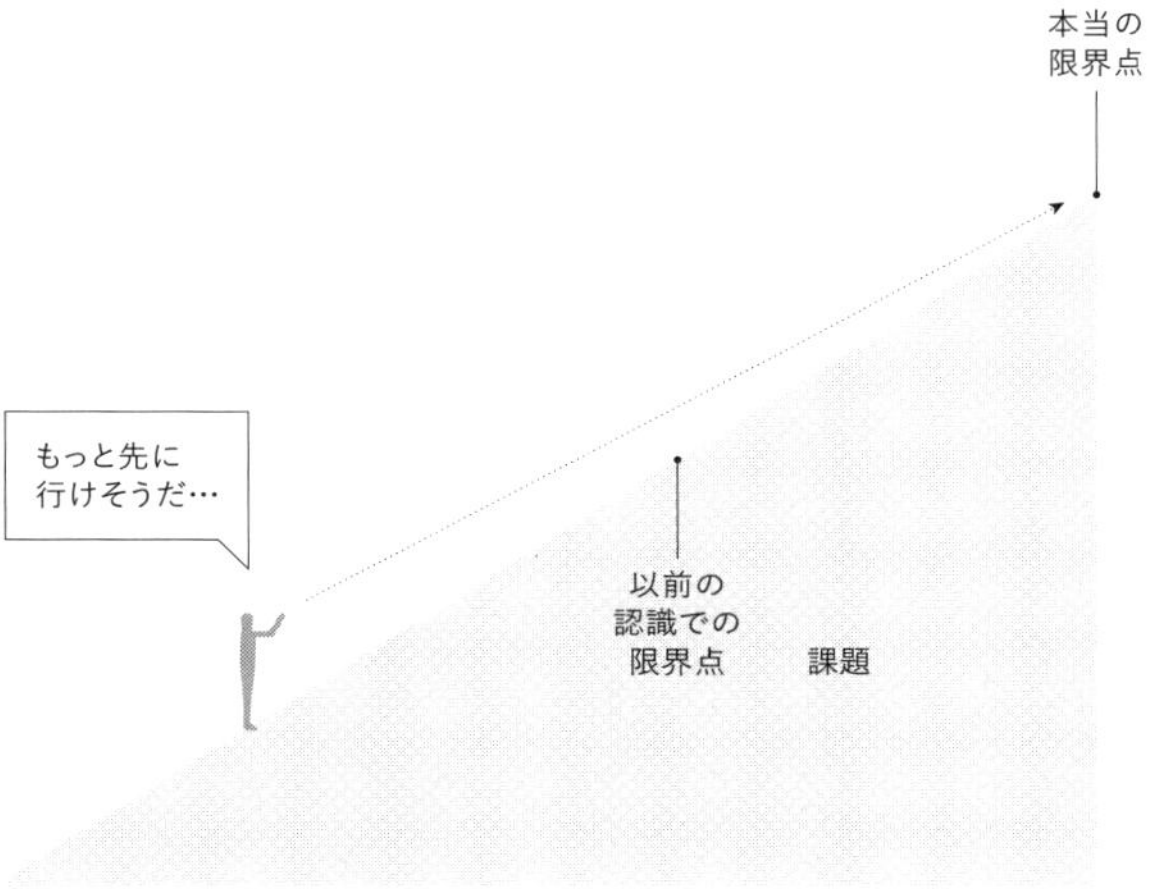

すが、当時は何もわかりませんでした。**それでもなぜ足を一歩踏み出せたかというと、自分の認識を信用していなかったからです。今の自分の狭い視野によってつくられた認識のほうが「間違っている」と考えていましたし、今だってそう考えています。**自分の偏狭な認識に邪魔されて可能性を狭めてしまうのは、とてももったいないことです。

逆に「本当にできないこと」とはどんなことでしょうか。私は「本当にできないこと」とはその人が「想像もできないこと」だと思います。考え付きもしないことはやろうとしませんから、「できるかできないか」の検討の対象にすらなりません。

たとえば、今、私が「四次元にワープできるか」を考えることはありません。無理矢理考えたとしても、できるかできないかの検討をする前に、すぐに思考から消えてしまいます。

自分の認識に従ったほうが正しい判断ができる場合ももちろんあるでしょう。**しかし、行動を起こす時点と結果がわかる時点の時間差があることほど、自分の認識はあてにならなくなる**ことは、頭の片隅に留めておいてください。

ルールのあるところで戦わない

2010年にアメリカの投資家と会う機会があったのですが、彼らは「投資を受けたいなら必ずカリフォルニアに移住しろ」と口々に言いました。

「テクノロジーの中心はシリコンバレーであり、そこにいないとたいしたことはできない」と。

たしかに、不自然な話ではありません。人材も資金もアメリカに集まっていますし、GoogleやFacebookだってみなシリコンバレーから生まれた企業です。

しかし、当時私は誰かがすでにルールをつくってしまった市場で戦っても得られるリターンは大きくない、ルールのない土地で勝負をしたいと考えていました。

「郷に入れば郷に従え」ではたいしたことはできません。ルールメーカーの顔を伺いながらおこぼれに預かるのが精一杯でしょう。そもそもなぜ海外展開を考えたかといえば、すでにルールが整備されている日本で事業を展開しても、大きなチャンスがないと思ったからでした。

最終的に、私はシンガポールを中心にグローバル展開を進めることを決意します。

当時、世界中の余剰資金がアジアを目指して移動してくる気配がありました。今後英語と中国語の両方が使える金融センターである香港かシンガポールに資金も人も集まってくる。香港は、中国に近すぎるという政治リスクもあるだろう。そう考えた私は、近い将来、シンガポールにこの余剰資金が集まると読んで、そうなる前に先回りすることにしました。

もちろんその時点ですでに大きな盛り上がりを見せていたシリコンバレーにひかれる気持ちもなかったわけではありません。しかし、**自分の納得感よりもパターンから考えて得られた回答を優先し、決断しました。**

それからはほぼ予想どおりに、様々な企業がアジア展開の中継地としてシンガポールに進出し、シンガポール経済は年率10％を超える経済成長を叩き出し、バブルを迎えます。当時はみなシリコンバレーに集まり、日本のＩＴ企業でシンガポールに子会社を設立して実質的に活動していたのは2社だけでしたから、アジア進出を考える企業は、たいてい相談にきました。結果的に、私たちは普通に日本で事業を展開していたのでは構築できないようなネットワークを短期間で築くことに成功します。これも、大きな流れに先回りしていたからこそできたことです。誰かがルールをつくってしまったあとでは、こういったチャンスは掴めなかったでしょう。その後、シンガポールを基点に、そこから3年で8カ国に事業を展開しましたが、今では収益の多くを日本以外の国から稼げるようになりました。そして、最も苦戦した市場が、実は他ならぬアメリカでした。

アメリカは人材も優秀で資金も豊富に回っていますから、想像以上に激しい競争が繰り広げられています。人材の流動性が高く、長期間同じ人材を雇い続けることすら簡単ではありません。そして、人件費や家賃まで、あらゆるコストが高騰しています。

また、一部の投資家を中心としたエコシステムがすでに出来上がっているため、その内側に入らない限りは、事業がなかなか前に進みません。華々しい成功はときおり伝えられるものの、一部の企業が成果を総取りしてしまうため、確率的に見れば、ほとんどのスタートアップが失敗しています。

もし最初に進出したのがアメリカだったらと考えると、今でも背筋が寒くなります。出鼻を挫かれて、到底次には進めなかったでしょう。

スター企業を輩出し、一見多くのチャンスがあふれているように見えるシリコンバレーですが、その影には死屍累々たるありさまが広がっています。

もし何か新しいことをはじめるのであれば、ルールメーカーがまだ存在していない領域を選ぶことをおすすめします。当時のシリコンバレーのように、すでに多くの人から名指しされるようなフィールドにこれから飛びこむようでは、アクションが一歩遅れている可能性があります。

以前、ウノウという会社を起業したのちアメリカのZyngaに売却し、今はメルカリというサービスを展開している山田進太郎さんに、なぜIT業界に入ったのかを聞いたことがあります。彼の答えは「当時は、他の業界よりも優秀な人が少なかったから」というものでした。

2000年前後のIT業界はまだできたばかりで、海の物とも山の物ともつかない世界でした。そのため、一部のチャレンジャーを除いては、選択肢にすら挙がらなかったそうです。

一方テレビ局や金融業界は人気が高いため競争が激しく、運良く就職できたとしても、その中で勝ち残っていくのはとても大変です。それと比べて、新しい業界は優秀な人が少ないので勝ち残っていくことはさほど難しくありません。その上、これから大きくなっていく市場であれば、「競争への勝利」と「市場の成長」を一石二鳥で手にできます。

どのフィールドで戦うかを考えるときは、より自分の能力が発揮しやすく、かつ将来的に拡大していく可能性が高い「穴場」を選んだ方がリターンは大きいでしょう。

結局、価値とは相対的なものですから、市場の拡大に対して人材が足りていなければ一人ひとりの価値は上昇しますし、市場が縮小し人材があふれている場合は下落します。

あるいは、さらに志高く、あるフィールドで一番を目指すんだというタイプの人がいるならば、ひとつお伝えしておきたいことがあります。

私も、今のアプリ収益化事業をはじめたときは、とくに深く考えずに「アジアナンバーワン」を目標に掲げていました。でも、その目標が具体的に見えてきたとき、それはある種の「逃げ」なのではないかと思うようになりました。

一番になること自体を目標にできるのは、すでに誰かがルールをつくっておいてくれたおかげです。一番を目指しているようでは、その時点で「永遠の二番手」なのかもしれません。**プレイヤーは、逆立ちしてもルールそのものにはかなわないからです。**本当に一番になりたいのなら、自分自身がルールをつくり、誰もいないフィールドに飛びこんでください。

納得感よりパターンを信じる

現在自社で展開しているアプリの収益化支援ビジネスは、2010年の終わりに起案し、2011年の春に開始しました。

集客・分析・広告収益などビジネスをする上で必要となる部分はこちらで用意し、アプリをつくる人にはおもしろいコンテンツづくりに専念してもらうためのシステムです。

実はこのサービス、当初はAndroidに特化していました。IT業界以外の人にはピンとこないかもしれませんが、当時、AppleのiPhoneのシェアは圧倒的でした。今でこそAndroidのシェアも広まりましたが、当時はまだスマートフォンとはiPhoneのことを指すと思っていた人もかなりいたはずです。当時のAndroidは、今のようにサクサク動くようなものではなく、ひとことで言えばボロボロの「ガラクタ」でした。

Androidは Googleが無料で配布しているOSです。様々な端末メーカーがカスタマイズできるため、ハードとOSが違う企業によってつくられることになり、機種によって仕様がバラバラといった状況でした。それゆえ、一部の機種のみアプリが使えなくなる「断片化」という不具合が頻発しました。これは、開発者にとっては大きなデメリットです。

私も、はじめに手にとったときにはそのひどさに「こんなもので本当にビジネスができるのか？」と正直不安になりました。

一方、そのころiPhoneはすでにハードもOSも自前で製造し、安定したエコシステムを形成していました。2009～2011年は、アプリの市場の実に9割はiPhoneで占められ、Androidのアプリ市場にはお金がほとんど回っていませんでした。誰もお金を払わないので誰も広告を打たない、という悪循環です。自分の中でも、Androidに自社のビジネスを特化することが正しいと納得して答えを出せたかといえば、正直そうではありません。

それでもなぜ当時ボロボロだったAndroidが普及すると考えたかというと、過去の事例から「パターン」を学んでいたからです。

スマートフォンのAndroidとiPhoneの競争は、かつてパーソナルコンピュータの分野で起こったMicrosoftとAppleの競争にとてもよく似ています。

スティーブ・ジョブズの率いるAppleの戦略は今日に至るまで一貫しています。ハードウエアからOSまですべて自社でつくることで製品の完成度を高める「垂直統合型」が、彼らのビジネスモデルです。このモデルは、デザインこそが彼らの競争優位性であるがゆえに成立します。Appleの収益の中心はハードウェアの販売であるため、細部にわたるまですべて自社でコントロールし、完成度の高い製品をつくり、ヒットさせる必要がありました。

一方で、Microsoftは自社ではハードウェアはつくらず、端末を制御するOSを各コンピュータメーカーにライセンス販売する「水平分業型」のビジネスモデルを採用していました。その頃はまだ、MicrosoftはAppleに比べれば非常に小さい会社でした。ジョブズがビル・ゲイツをAppleのオフィスに毎回呼びつけていたという話ひとつとっても、当時の力関係が窺えます。

最終的には、ご存じのとおりパーソナルコンピュータの領域ではMicrosoftが市場の9割以上のシェアを獲得し大成功します。この成功により創業者のビル・ゲイツは世界一の資産家となりました。一方Appleはデザインなど特殊な用途に使われるニッチな製品という立ち位置に追いやられ、シェアは数パーセントまで落ちこんでしまいます。

成否の鍵は、垂直統合型と水平分業型というビジネスモデルの違いにありました。垂直統合型は成功すれば高い利益率を稼ぎ出すモデルですが、全製品プロセスを自社で完結するため、体力もノウハウも必要になります。一方で水平分業型は足りないプロセスは他社と協力し自社は得意なところだけに特化するので、体力やノウハウも必要ありません。そして、他社と連携しながらつくる大きなエコシステムは、その大きさ自体がひとつの競争優位性になります。利益は全社で分配されるので一社ごとの取り分は小さくなってしまいますが、複数社を巻き込んでひとつの仕組みをつくるため、一社では到底できないようなスケールで、事業を拡大することができます。

かつてのMicrosoftは、フレームワークの巨人ＩＢＭなどに自社のＯＳが採用されたことを皮切りに、Appleに対抗したい様々なＰＣメーカーにＯＳを販売していきました。その後、ＰＣメーカー同士が激しく競争し利益を削りあったため、標準で搭載され独占的地位を築いた

Microsoftが、いわば漁夫の利のような形で、最も大きな利益を得たことになります。

前置きが長くなりました。AndroidがiPhoneに対して採った戦略もこのMicrosoftとほぼ同じです。２００８年当時はスマートフォンといえばほぼiPhoneという状況でしたので、サムスンをはじめとした端末メーカーがなんとかしてAppleに追いつきたいと考えていました。これも、多くのPCメーカーがAppleに対抗しようとしていた当時の状況と重なります。また、各スマホメーカーも、Appleのように全プロセスを自社でやるほどの体力もノウハウも時間も持っていません。

Googleは、当時MicrosoftがOSを販売したのと同様に、AndroidのOSを各端末メーカーに提供し、複数社でひとつのエコシステムを構築することを目指していました。さらに、GoogleはMicrosoftとは違いOSを無償で提供しました。Googleの収益源は広告に支えられていたため、Androidの利用者さえ増えれば後から広告収入によって回収可能だからです。

私は、当時ボロボロで使い物にならないAndroidに不安を感じつつも、自分の感覚よりも過去のパターンから得られた結論、つまりAndroidがかつてのWindowsのように普及するという未来に賭けることにしました。

しかし、当時の状況においては、Androidの使い勝手があまりにも悪かったため、Android

に賭けるという選択は周囲には受け入れがたいものでした。何より、**自分自身も直感的には Android がこれから優勢になるという予想に納得していませんでした。**

Android に舵を切った当初は、事業を展開しようにも市場自体が存在しないので、ビジネスが立ち上がりませんでした。しかし2012年頃から、市場の趨勢《すうせい》が変わってきます。各メーカーがスマートフォンの製造に乗り出し、こぞって Android のOSを採用しはじめました。

初期はそれこそ100万ダウンロードのアプリに自社サービスが導入されるだけでも驚いていましたが、Android 端末が急速に普及していくうちに、1000万～5000万ダウンロードというアプリへの導入も珍しくなくなりました。やがて3年後には10億ダウンロード以上のアプリに導入され、世界2億人以上のユーザーが自社のシステム上でアプリを遊ぶまでに規模が拡がりました。

サービスをはじめた2009年には10％にも届かなかった Android のシェアは、気づけば2014年には85％に到達していました。

私たちのサービスが成功した要因は、がむしゃらな努力でも画期的なイノベーションでもありません。**私たちはただ、波がくる少し前に未来に先回りして待ち受けていただけです。**結果として、大きな波に押し上げられるような形で、ビジネスは拡大していきました。

世の中の変化には一定のパターンが存在します。一見ランダムに動いているような市場の変化も、一定の進化のメカニズムに則っています。その意味において、現在は過去の焼き増しであることが多いのです。

この体験から適切なタイミングで適切な場所に居ることの重要性を深く考えるようになりました。もちろん、事業を成功させるためにはある程度の実務能力は必要です。しかし、事業がどこまで巨大になるかどうかは、つかんだ波の大きさに依存します。人間には波自体をコントロールすることはできませんが、テクノロジーのパターンをつかめればその波も意識的に捉えることができるようになるのです。

五分五分で決断する

本当に重要なのは、自分自身のそのときの認識ではなく、進化のパターンから導き出される未来の方に賭けられるかどうかです。9割の人がその未来を予見できたタイミングで意思決定をしても手遅れです。誰の目にもわかってしまえば、チャンスはチャンスではなくなります。

リアルタイムの状況を見ると自分も含めて誰もがそうは思えないのだけれど、原理を突き詰めていくと必ずそうなるだろうという未来にこそ、投資をする必要があります。あなた自身がそう感じられないということは、競合もまたそう感じられないからです。

ビジネスは統計的に見ると9割が失敗します。残った1割のうち十分に利益が出せるようになるのはさらに1割程度です。つまり、99%はうまくいきません。

自分自身が直感的にうまくいくと自信が持てるようなビジネスは、当然他の人もうまくいくと思えますから、競合も大量に出てきます。結果的に競争過剰になり、利益は削られ、事業にならなくなってしまうでしょう。

私も起業して以来10以上の新規事業を立ち上げてきましたが、うまくいったものとうまくいかなかったものにはそれぞれある傾向がありました。自分も他人もうまくいくと考えていた事業は失敗し、自分も含め全員が半信半疑である事業は成功したのです。

他社で巨大なサービスを作ったプロデューサーや経営者に立ち上げ当時の話を聞いてまわったところ、驚くことにみな口々に同じことを語りました。どのサービスも立ち上げ当初は誰も注目していなく、社内も社外もうまくいくと思っている人間はいなかったのだと。

ビジネスは全体の1％しかうまくいきません。必然的に、成功する事業というのは世の中の少数派から生まれなければならないはずです。多数派が考えるアイデアで勝利を収めるのは、簡単ではありません。大企業には頭の良い人が何万人もいますから、彼らが考えついて実行するようなアイデアには、チャンスの隙間はないといえるでしょう。逆に自分すら半信半疑なアイデアは他人にとってはまったく理解不能ですから、他人との競争に巻き込まれずにマイペースに進めることができます。

周囲の人にもチャンスとわかるようなタイミングでは遅いのです。自分でも成功確率が五分五分というタイミングが、本当の意味でのチャンスです。

周りの人たちが一度話しただけで理解できるようだったら、考え直してください。逆に、首をかしげられたり、うまくいかなさそうだと否定的なリアクションをしてきたようなら、そこにこそチャンスはあります。

いずれくる未来の到来を早めるために

これまで述べてきたように、社会が進化する方向性には、大きな「流れ」があります。社会をより便利で効率的な場所に変えていこうとすると、試行錯誤の段階では様々な選択肢が広がっていますが、最終的には効率の良いもののみが生き残り、ひとつの結論に向けて収斂《しゅうれん》していくことになります。社会の効率がだんだんと良い方に向かっていくのであれば、それは一本の軸を左から右へと進んでいくような変化であり、あまり多様性が生じる余地はありません。

順を追って見ていきましょう。まず、既存のシステムを10倍以上に効率化できる可能性のあるテクノロジーが誕生すると、そのテクノロジーを基点に社会が組み替えられていきます。

たとえば、蒸気機関・電力の発明によって、産業の中心は農業から工業に代わり、農村で働いていた人たちは都市の工場に出稼ぎに行くようになりました。工場を所有する資本家とそこで働く労働者という関係が一般的になり、資本主義が急速に普及していきました。しかし、新たなシステムは新たな問題も生み出します。

資本主義は格差という問題を生み、その解決のためにいくつもの試行錯誤が行われました。共産主義や社会主義です。しかし、それらは結局資本主義より効率が低かったため、最終的に社会はまた資本主義に収斂していきます。

この拡散と収斂のサイクルを繰り返し、社会全体はより生産性の高いシステムへと進化していきます。社会も、人間と同様によく失敗をし、反省もします。

封建社会では身分という制約が多くの人々の生活を抑圧していました。世界大戦は多くの生命を奪いました。その不幸を反省し、同じ失敗を繰り返さないように、私たちは今も日々試行錯誤しながらより効率の高い社会へと進んでいます。

政治（封建制→民主主義）においても、経済（物々交換→貨幣）においても、テクノロジー（石器→コンピュータ）においても、効率の低いところから高いところへ、ひとつの流れに沿って進んでいるにすぎません。

そして、社会の進化に流れがあるという事実は、実は寂しいことでもあります。流れが一人の人間に覆せるようなものではないならば、個々人が存在する意味は小さいからです。

歴史的な発明を振り返れば、そこにいた当事者が世界そのものを変えたかのように、私たちの目には映ります。しかし、もし彼らが発明しなくても、他の誰かがそのピースを埋めたであろうことは容易に想像がつきます。その意味では彼らは未来をつくったのではなく「いずれくる未来の実現を早めた」といえるのかもしれません。

Google、Amazon、Facebookなどの巨大ＩＴ企業の創業者たちが考える未来像は驚くほど酷似しています。彼らは「いつ」それに取りかかるのかのタイミングの読み合いをしているだけです。社会・経済・技術・強み・資金などを総合的に考え、適切なタイミングで適切なアクションを起こしています。

その意味では、イノベーターとは、まったくゼロから新しいものを創造する人たちではなく、少し先の未来を見通して先回りができる人たちなのだといえるのかもしれません。

誰がいつ実現するかは最後までわかりません。しかし、何が起きるかについては、おおよその流れはすでに決まっています。人が未来をつくるのではなく、未来のほうが誰かに変えられるのを待っているのです。適切なタイミングでリソースを揃えた人間が、その成果を手にします。

国や時代も超えて共通する進化の原理には、個人が好きに変えられるほどの自由度はありません。そして、社会で生きる限り、その法則性から誰も逃れることはできません。魚は川の流れに逆らって泳ぐことはできますが、川の流れそのものを逆流させることはできないのと同じことです。川の大きさに対して、魚である自分がやれることの少なさを感じて、一時期、私はとても落ち込んだことがありました。自分の存在する意義がないように思えたからです。

ただ、それでもしいて自分が存在している意味を求めるとすれば、それは「来たるべき未来の到来をできるかぎり早めること」にあるのではないかと、私は思っています。

もし、もっと早く封建社会が終わり、民主主義が浸透していれば、より多くの人が自分の人生を自由に選択できたでしょう。もっと早く天然痘のワクチンが発見されていれば、何千万人という人がもっと長生きできたはずです。

もしもっと早くに実現できていれば、生まれなかった不幸はたくさんあります。現代の社会も、まだ課題は山積みです。もし「貨幣」から人間が解放されたら、もっと多くの人が不幸から救われるかもしれません。人間が「労働」から解放されたら、家族とすごす時間も増やせるかもしれません。

こういった課題は、その課題が大きいほど、いつかは解決策が見つかるようにできています。自分がやらなかったとしても、おそらく誰かが解決してくれるでしょう。ただし、その解決が遅くなればなるほど、不幸な人は増えてしまいます。

私たちにできることは、顕在化している課題をできるだけ早く解決する方法を見つけ、ひとつでも多くの不幸をなくすことぐらいでしょう。いつか誰かが実現する未来だったとしても、その到来を早めることは、多くの人にとって価値のあることです。

きたるべき未来の到来を早めることが、その時代を生きる人に課された唯一の「仕事」です。私たちが何気なくすごす毎日もすべてはその「仕事」につながっています。

企業が行う活動や競争も、最終的には世の中をより便利に、より快適にしていきます。検索エンジンやSNSにしても、社会をよくするという動機からはじまったものではありませんが、そこにビジネスチャンスがあると考えた企業と投資家がいたからこそ、あそこまで巨大になりました。そして、結果的には多くの人々の生活を便利にしています。

企業活動に限らず、家庭での暮らしも、次世代の可能性をつくる場であるという意味においては、未来の到来を早めるという「仕事」へとつながっています。そのことを、意識しているかどうかにかかわらず。

未来の方向性はある程度決まっていて、個人にはコントロールできません。それでも、自分の存在が無意味だと思いたくはないのが人間です。人間は、結局は感情の生き物ですから。

自分という存在に意味を与えるためにも、私は少し先の未来に先回りしようとし続けようと思います。

おわりに――Be a doer, not a talker.（評論家になるな、実践者たれ）

「知る」という行為には実はいくつもの階層があるということを、最近ようやく理解できるようになりました。

私はずっと、学校の授業のように、情報を頭に入れていく作業が「知る」ことだと思っていましたが、実際はそうではありませんでした。頭に入れた情報を現実世界で活用し、体験することなしに、対象を理解できることはありません。

「イノベーションのジレンマ」という有名な理論があります。これは、マーケットリーダーが、その優位な立場にいるがゆえに、次の新しいパラダイムへの対応が遅れる現象のことを指します。ビジネスマンであれば、その理論自体は多くの人が知っているでしょう。ひとたびネットでニュースを開けば、ジレンマに変化に対応できなかった企業を揶揄するコメントはいくらでもあふれています。

しかし、私が実際にこのジレンマの難しさがわかったのは、自分がその立場に立ってみてからでした。情報を知っているだけの段階の私は、今思えば単に「わかっている気になっている」だけにすぎなかったのです。

ガラケーからスマホへ、国内から世界へ、こういった判断をする際に現在の優位を捨てなければならないタイミングは無数にやってきます。自社の優位性を捨てることの恐ろしさ、難しさは、自分で経験し、リスクをとってその壁を乗りこえないと決してわかりません。本で読んで得た知識が実体の半分にも満たなかったことに、私はそのとき、身をもって気付きました。


相対性理論を唱えた理論物理学者のアルバート・アインシュタインは、

「情報は知識にあらず」

「現実の理解は実験に始まり実験に終わる」

という言葉を残しています。地動説を唱えたガリレオ・ガリレイも、同様に当時の学者が理論だけに頼っていることを痛烈に批判しています。

自然科学（物理学、化学、生物学、地球科学、天文学など）が実験を通じてフィードバックを得ることを重視していたのに対し、いわゆる社会科学（人類学、経済学、政治学、法学、言語学など）という人間や社会を対象とする領域は、それほど「実験」を重視してきませんでした。

倫理的に、人や社会を対象に自由に実験をすることははばかられるという理由もあるのでしょう。

その結果、人と社会に関する領域では事実を証明することは必要とされず、数百年以上経っても何も解明されないまま堂々めぐりの議論が繰り返されているように見受けられます。考察やディベートが中心になり、権威がある人物が書いた理論が表面的には「正しい」ものとして扱われがちです。

しかし、それはバットを握った経験のない人が野球解説者になるのと同じようなものでしょう。どれだけ外から中継を見ていても、ホームに立ってバットを振ってみないと野球は理解できません。外から見えるものと、中から見える景色は、まったく違います。

私が人間や社会が絡む領域について考えるとき、常に気をつけていたのは「打席に立つ」、つまり理論だけの評論家にならないことでした。すべての仮説と考察は実際に毎日の生活の中で活用し、本当かどうかを検証してみる必要があると、私は思っています。そして、もっともシビアにフィードバックを返してくれるのが、ビジネスというフィールドでした。

現代は「行動する人」が多くを得る時代です。

情報と資本の流動性が高まった現代において、かつて100年かけて起こっていた変化は、3年で起こるようになりました。かつての成功パターンは、すぐに時代遅れの古いものになってしまいます。

知識は、得た瞬間に陳腐化をはじめます。また、知識を詰め込んで記憶することの価値も、ネットのおかげでどんどん薄れています。

これからの時代を生き残るためには、変化の風向きを読み、先回りする感覚が常に必要です。そして、その方法は検索しても出てきません。

変化を察知し、誰よりも早く新しい世の中のパターンを認識して、現実への最適化を繰り返しましょう。そのために必要なのは行動すること、行動を通して現実を理解することだけです。

本書が、読者の皆さんの行動を促す存在となることを願っています。

2015年8月　佐藤航陽

未来に先回りする思考法

発行日　2015年8月30日　第1刷
　　　　2019年6月21日　第4刷
Author　佐藤航陽

Book Designer　寄藤文平＋杉山健太郎（文平銀座）

Publication　株式会社ディスカヴァー・トゥエンティワン
〒102-0093　東京都千代田区平河町2-16-1 平河町森タワー11F
TEL　03-3237-8321（代表）
FAX　03-3237-8323
http://www.d21.co.jp

Publisher　干場弓子
Editor　井上慎平

Marketing Group
Staff　清水達也　千葉潤子　飯田智樹　佐藤昌幸　谷口奈緒美　蛯原昇　安永智洋　古矢薫　鍋田匠伴
佐竹祐哉　梅本翔太　榊原僚　廣内悠理　橋本莉奈　川島理　庄司知世　小木曽礼丈　越野志絵良
佐々木玲奈　高橋雛乃　佐藤淳基　志摩晃司　井上竜之介　小山怜那　斎藤悠人　三角真穂　宮田有利子

Productive Group
Staff　藤田浩芳　千葉正幸　原典宏　林秀樹　三谷祐一　大山聡子　大竹朝子　堀部直人　林拓馬
松石悠　木下智尋　渡辺基志　安永姫菜　谷中卓

Digital Group
Staff　伊東佑真　岡本典子　三輪真也　西川なつか　高良彰子　牧野類　倉田華　伊藤光太郎　阿奈美佳
早水真吾　榎本貴子　中澤泰宏

Global & Public Relations Group
Staff　郭迪　田中亜紀　杉田彰子　奥田千晶　連苑如　施華琴

Operations & Management & Accounting Group
Staff　小関勝則　松原史与志　山中麻吏　小田孝文　福永友紀　井筒浩　小田木もも　池田望　福田章
石光まゆ子

Assistant Staff
俵敬子　町田加奈子　丸山香織　井澤徳子　藤井多穂子　藤井かおり　葛目美枝子　伊藤
石橋佐知子　伊藤由美　畑野衣見　宮崎陽子　並木楓　倉次みのり

Proofreader　鷗来堂
DTP　朝日メディアインターナショナル株式会社
Printing　大日本印刷株式会社

ISBN978-4-7993-1754-9